多言語主義社会
に向けて

平高史也・木村護郎クリストフ＝編

はじめに

　近年、グローバル化の進展に伴い、「グローバル人材」の育成の必要性が叫ばれ、英語の重要性が喧伝されることが多くなっています。それに対して、英語の学習時間の拡大や開始時期の早期化などの弊害を指摘する論調も聞かれます。そのような立場からは、しばしば母語としての日本語の意義が強調されます。どちらにくみするにしても、議論は英語と日本語をめぐって展開されることが多いようです。

　しかし、外に向けては英語、内に向けては日本語ばかりが話題になりがちな日本社会でも、英語、日本語以外の言語を用いたさまざまな営みや教育が行われています。言語の多様性への気付きを促すそのような動きは、異なる言語や文化の背景を持つ人たちとの交流や相互理解に対して開かれた社会、すなわち相互に密接に関連し合っている世界の現状と未来によりよく対応できる社会の形成や人間（単なる「人材」ではなく）の育成に貢献する可能性を持っているのです。一方で、その実態はまだ十分に知られているとは言えませんし、その意義が必ずしも広く共有されているわけでもありません。

　そこで、そのような実践や状況に光をあてて、日本社会にとって「多言語」とは何か、「多言語」がいかに日本社会を変えていく可能性を秘めているか、また、より広く多言語使用や多言語主義にはどのような意味があるのかを探るのが、本書の目的です。言語や文化を異にする人たちとの交流や相互理解がますます重要になっている今日、本書が、とりわけ若い読者の方々が多言語学習や使用の意義を理解し、多言語を尊重する社会に向けて歩みを進めていく手がかりとなれば幸いです。

編者

目　次

序章　多言語主義社会を考えるために　　木村護郎クリストフ・平高史也　**v**

第1部　日本における多言語教育の実態と展望

第1章　小学校における多言語活動の可能性

吉村雅仁　**2**

第2章　高等学校における多言語の学びに向けて

山下誠　**15**

第3章　大学で多言語を学ぶ意義

國枝孝弘　**30**

第4章　多言語教育における放送メディアの役割

鎌倉千秋・平高史也　**43**

第5章　複言語・多言語教育推進への道
　　　　── 日本外国語教育推進機構 JACTFL の設立 ──　　山崎吉朗　**56**

　　　Column ❶　多言語教育の挑戦とその変遷
　　　　　　　　── 慶應義塾志木高等学校の場合 ──　　岡田吉央　**70**

　　　Column ❷　つながるためのことばの学び
　　　　　　　　── 国際文化フォーラムの事業 ──　　水口景子　**72**

第2部　日本における／海外在住日本人の多言語管理の実態と展望

第6章　沖縄県の言語事情と「しまくとぅば」普及推進計画

中本謙　**76**

第**7**章　移民の言語使用と母語継承

庄司博史　**91**

第**8**章　移民の母語教育の現状と課題

庄司博史　**104**

第**9**章　在日コリアンの言語使用の実態とその背景

生越直樹　**117**

第**10**章　観光における多言語事情

山川和彦・藤井久美子　**130**

第**11**章　海外在住日本人の言語生活
　　　　　——カタルーニャと上海の場合——　　福田牧子・福田えり　**143**

Column ❸　多言語なくして「多文化共生」の実現なし！

菊池哲佳　**158**

Column ❹　外国語習得とダイエット　　　　　新行内和広　**160**

Column ❺　ときに諦め、ときに諦めない　　　佐藤悠花子　**162**

第**3**部　ヨーロッパにおける多言語教育・使用の事例

第**12**章　危機に瀕するアルザス語
　　　　　——バイリンガル教育によってもたらされるもの——
　　　　　　　　　　　　　　　　　　　　　　　境一三・治山純子・小川敦　**166**

第**13**章　多言語社会ルクセンブルク
　　　　　——移民社会の到来と言語能力維持のための課題——　　小川敦　**180**

第**14**章　つながり方を探るドイツ・ポーランド国境地域
　　　　— 異言語間コミュニケーションの諸方略 —

木村護郎クリストフ　**194**

第**15**章　チェコの多国籍企業の言語使用と言語管理
　　　　— 言語の機能の観点から —　　　　イジー・ネクヴァピル　**207**

索引　**220**

言語名索引　**223**

執筆者一覧　**225**

序章
多言語主義社会を考えるために

木村護郎クリストフ・平高史也

多言語主義社会とは何か

　日本はしばしば「単一民族国家」とみなされてきましたが、近年、日本でも「多言語」という課題が議論されることが増えています。多言語を題名に掲げる書籍も多数刊行されてきました[1]。しかしそれらを見ると、題名のつけ方に二つの種類が見られることに気付きます。一方には、「多言語社会」や「多言語国家」、「多言語地域」、「多言語状況」、「多言語使用」といった表現を題名につける文献があります。他方、「多言語主義」を題名に含む書籍も出版されています。また、社会よりは個人が持つ複合的な言語能力に焦点をあてる「複言語主義」に注目するものも見られるようになりました。

　「社会・国家・地域・状況・使用」などを前面に出す前者は「現実」に、「主義」をうたう後者は「理念」に焦点をあてたものと言えるでしょう。この二つの異なる焦点のあて方は、日本語では訳し分けられているものの、もともと multilingualism（多言語状況・多言語主義）に含まれる"-ism"の二つの異なる側面、すなわち、実態と理念の両面に対応しています。plurilingualism についても、欧州評議会では、この概念に「能力」という側面と、「価値」という側面があることが指摘されています（欧州評議会言語政策局 2016: 19）。"-ism"の意味するところが「主義」だけではないことは、日本語でも二言語使用・能力を指して使われる「バイリンガリズム」という語からも明らかです。上述の書籍の題名に見られるような実態と理念の使い分けは、nation という語が国民、民族、国家などと訳し分けられているのと同様に、意味の広がりを持ったヨーロッパ起源の

1　学術情報データベース CiNii で「多言語」を題名に含む図書を検索すると、302 点が提示されます（2017 年 6 月 1 日現在）。

概念が、日本語では別概念に分けて理解される例と言えるでしょう。訳し分けることには、意味の焦点を明確にする意義がありますが、他方で、一体性のある概念をばらばらにしてしまうという面もあります。

　本書で扱う「多言語」の場合、実態（現実）と理念（方向性）は密接に結びついています。いつの時代も人間は移動するものでしたが、とりわけ現代では、人の移動が地球規模でますます激しくなっています。言語的に均質な社会を夢想するのは、よほど現実に目を閉ざさない限り、できなくなっています。言語的な問題を同化や排除など言語的な均質化によって解決するという発想は、いまなおそのような志向性が繰り返し現れるものの、ますます現実的ではなくなっています。それと並行して、単一言語による囲い込みが、一見思われるほど理想的でもないということも明らかになっています。一方では、国際語としての英語の浸透が進み、また情報技術の発達によって国や地域をこえて伝え合うことがますます容易になっています。他方では、少数言語の維持・再活性化を目指す動きや移民の母語・継承語教育の試みが世界各地で広がっています。これらの動きは、国家語一言語のみでは人々の多様な需要や要望に応えることができないことを如実に示しています。単一言語社会や単一言語主義は現実的でないばかりか、理念的な方向性としても疑問符をつきつけられているのです。

　そこで、本書では実態と理念をあわせて捉えるという意味をこめて、「多言語主義社会」を題名に掲げることにしました。多言語主義社会とは、実態としての多言語を肯定して尊重する社会のことです。なお、本書全体としては日本の社会を考える趣旨であるため「多言語」を掲げましたが、社会を構成する個人レベルでは、複言語能力や複言語主義をどのように促進することができるかが課題となります。本書の題名は、複言語能力・複言語主義に関する議論や論点を含むものとして理解してください。

本書の構成

　「多言語主義社会に向けて」という題名は、現状ではまだ実態の把握も理念の共有も十分ではないという認識に基づいています。しかしこの社会的な課題について意識化することは、日本の将来を考える上で不可欠

です。そこで、多言語主義社会のあり方を構想する手がかりを得るために、本書ではまず、日本国内の言語的な多数派向けの多言語教育の実践例（第1部）や、日本国内の多言語状況、および国外での日本人の多言語生活の実態（第2部）を知ることを目指します。その上で、より広い視野から多言語に関わる課題を考察するために、多言語との向き合い方が日本にとっても示唆に富むヨーロッパの事例（第3部）を加えています。日本は、近代化に際してヨーロッパ型の「一国家一言語」の理念を取り入れてきましたが、ヨーロッパでは今日まで多くの地域で多言語が息づいており、また移民などの流入・受け入れによってますます多言語化が進んでいます。そのような中で多言語に関するさまざまな政策や議論、実践的な対応が行われてきました。ヨーロッパの例をそのまま他地域に当てはめることには慎重になる必要がありますが（砂野編 2012）、多言語を実態としても理念としてもあわせもつヨーロッパが抱える課題を参照することは、多言語主義社会を考える上で有意義と言えるでしょう。

　日本では、しばしば「多文化主義」に関して、アメリカ合衆国やカナダ、オーストラリアの事例が参照されてきました。しかし、これらの国の事情は、移民国家として形成された上に代表的な国際語でもある英語を（事実上の）公用語とするため言語教育の前提が異なり、多言語を考える上では日本とは隔たりが大きいため、むしろ（大陸）ヨーロッパの事情のほうが近いことも知っておく必要があります。

　では、各部の内容を簡単に見ていきましょう。第1部は、主として日本の学校における多言語教育の実践や可能性について述べています。ここでは、英語教育を偏重している日本の外国語教育を改革すべく、小学校（第1章）や高等学校（第2章）、大学（第3章）で実際に行われている多言語教育のあり方や、新たな教授法の試みが紹介されています。さらに、生涯教育としての放送による外国語教育の歴史や役割についての論（第4章）と、初等・中等・高等教育機関や民間組織の連携の重要性について述べている論（第5章）が続きます。これらの実践は、それぞれの領域における今後の多言語教育の推進にとって、モデルともなりうるものでしょう。中学校については、個別の章ではとりあげていませんが、小学

序章　多言語主義社会を考えるために　**vii**

校および高校に関する議論の多くは、中学校にも当てはまると思います。

　第2部は、日本における多言語使用・教育の実態や政策、および海外の日本人の言語生活、一言で言えば多言語管理（ここでの管理はmanagementの意）についての論を集めました。日本では日本語の諸方言のほか、北のアイヌ語、南の琉球諸語をはじめとするさまざまな言語が使われてきましたが、まず、このような旧来の多言語の例として沖縄県の地域語（方言）普及推進（第6章）をとりあげました。続く三つの章では、移民の言語使用と母語継承（第7章）、および母語教育のあり方（第8章）、また代表例として在日コリアンの言語生活とその背景（第9章）を扱っています。これらの章では、いずれも国外にルーツを持ち、日本に長期間居住している人たちの多言語使用やその維持の実態が論じられています。それに続いて、一時的な滞在者である外国人観光客に対する多様な言語サービス（第10章）、海外の多言語社会に暮らす日本語母語話者の言語使用（第11章）について述べられています。ここでとりあげているのは日本や日本人の関わる多言語使用の実態の一部にすぎませんが、新旧の言語的少数者や長期・短期滞在者、海外在住者など、異なるタイプの多言語使用に目を向けるための事例を配しています。

　第3部では、一転してヨーロッパ、とりわけ多くの言語や民族がひしめくヨーロッパ大陸内部における国境をこえたコミュニケーションのあり方に目を向けます。言語学者の三谷惠子は、大規模な人や国境の移動によって言語状況が大きく揺れ動いてきた中央ヨーロッパは、単に言語がたくさんあるだけではなく、「多言語環境の中で、人々が互いの言語を媒体とすることで利益をはかるという文化をもっていた地域でもある」と述べています（三谷2012: 86）。いろいろな民族が行ったり来たりする中で相互に言語を学び合ってきた中央ヨーロッパは、日本とはまったく状況が違うように思えるかもしれません。しかし、三谷はこう問いかけるのです（三谷2012: 87）。

　　異なる言語を母語とする人々の間のコミュニケーションの必要性が
　　地球規模で拡大する中、言語の多様性を維持しつつ、多様な言語環境

に対応していくためには、どうすればいいのか。中欧の言語状況は、日本人にとっても考えるべき課題を示しているように思われる。

　この問いかけに答えるために、第3部では、ヨーロッパを大きく3分する言語境界が見られるドイツの東西の地域をとりあげます。ロマンス系言語とゲルマン系言語の境界地域であるドイツの西側の地域からは、いずれも歴史的な多言語地域でありながら、現地の固有語が置かれた状況や、多言語をめぐる課題がきわめて対照的であるフランスのアルザス地方（第12章）とルクセンブルク（第13章）をとりあげます。続く二つの章では、第二次世界大戦に伴って歴史的な多言語状況が失われた後、1990年代の東欧社会主義圏の体制転換、そしてヨーロッパ連合の東方拡大を経て、多言語と改めて向き合う状況が生まれたドイツの東側のゲルマン系言語とスラヴ系言語の境界地域をとりあげます。ドイツ・ポーランド国境地域における越境活動への対応（第14章）と、チェコの多国籍企業の言語使用（第15章）は、それぞれ多言語使用のローカルとグローバルの二つの側面を体現しています。

　第2部と第3部の各章の主題は、地域語保持（第6章と第12章、13章）、移民を含む多言語社会（第7章、8章、9章と第13章）、異言語（人）との付き合い方（第10章と第14章）、国際的な企業活動に伴う多言語使用（第11章と第15章）のように、それぞれ対応しています。第2部を踏まえて第3部の各章を読むことで、第2部の内容についても理解が深まるに違いありません。

　いずれの章も、具体的な事例を扱っていますが、個別事例を特殊なものとしてではなく、一般的な意義のあるものとして位置づける書き方を目指しました。そのことが考察や議論を通して実感できるように、章末に各章の内容を踏まえた「ディスカッション・ポイント」を3点載せています。これらは、前もって読んできた内容をもとに議論する授業などでも使えるでしょう。

　以上、本書の構成について見てきましたが、本書は全体として、英語ですべて済ませようとする短絡的なグローバル化でも、反動として均質な単

一民族国家の幻想に閉じこもる疑似鎖国化でもない第三の道として「多言語主義社会」を目指すという考えに基づいています。そのため、各章の記述は、ときには議論を生むような明確な主張をあえて含んでいます。しかし、「主義」を前面に出すよりは、議論の前提となる情報や論点を明らかにし、批判的な思考を促すよう心がけました。

　ここでとりあげられた国内外の具体的な事例の背景に何があるのか、それらの事例から何を学ぶかを考えることを通して、本書が、これまで多言語をめぐって打ち出されてきた方針や政策を問いなおし、議論や実践を深める一助になればと願っています。

謝辞
　くろしお出版の坂本麻美氏には、企画から刊行にいたるまで、さまざまな相談にのっていただきました。記して感謝の意を表します。

参考文献
欧州評議会言語政策局（2016）『言語の多様性から複言語教育へ――ヨーロッパ言語教育政策ガイド』（山本冴里訳）くろしお出版

砂野幸稔(編)(2012)『多言語主義再考――多言語状況の比較研究』三元社

三谷惠子（2012）「「境界」と「媒体」――言語から見た中欧」『思想』1056（2012年4月号），73-91.

第1部

日本における多言語教育の実態と展望

多様な言語の音と文字に触れさせる活動（第1章）

第1章

小学校における多言語活動の可能性

吉村雅仁

　日本の小学校では、外国語学習の早期化が進んでいます。教科としての外国語にせよ、外国語活動にせよ、外国語と言えば現実的にはほぼ例外なく英語を意味します。しかし、小学校で英語学習を早期化することが本当に英語力向上や国際理解、あるいはグローバル化への対応につながるのでしょうか。この章では、英語のみを扱う小学校外国語活動の成果と課題を概観し、その課題への対応を可能にする一候補としての多言語活動を考えてみます。

1　はじめに

　小学校外国語活動は、「国際理解」の一環として総合的な学習の時間（以下、総合学習）の枠組みで開始されました。外国語活動とはいうものの、当初からほぼすべての小学校で英語活動ないしは英会話が行われてきており、ALT（外国語指導助手）を招いて歌やゲーム、あるいはクリスマスやハロウィーンなどの行事を楽しむことで国際理解のための活動とする例が多く見受けられました。このような状況は、外国語活動が必修になってからも基本的にそれほど変わりはないようです。

　もともと、総合学習はもちろんのこと、必修としての活動においても、目標はいわゆる言語習得ではなく、前者は国際理解でしたし、後者はコミュニケーション能力の素地の育成となっています。現行の学習指導要領

（文部科学省 2008）によると、後者のコミュニケーション能力の素地の育成は、言語や文化への体験的理解、積極的にコミュニケーションを図ろうとする態度の育成、外国語への慣れ親しみから構成されています。

　では、総合学習での導入から必修の外国語活動の実施を経て、国際理解にせよ、コミュニケーション能力の素地の育成にせよ、その目標はこれまでどの程度達成されたのでしょうか。また、活動に加えて教科としても外国語が加わる現在、どのような課題があるのでしょうか。

2　外国語活動の成果と課題

　小学校外国語活動の実施状況、成果、課題を知るための資料は文部科学省の Web サイトに多々ありますが、今後の方向性との関連が分かりやすく書かれているのは、英語教育の在り方に関する有識者会議による報告（以下「提言」）でしょう（文部科学省 2014）。「提言」は、これまでの外国語（英語）教育の評価を踏まえた教育改革がその内容となっており、小学校についても外国語活動におけるこれまでの成果と今後の課題を整理しています。以下それらを検討していきますが、まずは改革の背景を確認しておきましょう。

　「提言」では、英語教育改革の背景として、グローバル化の進展の中での英語力の重要性が二つの観点から述べられています。一つ目としては、「国民一人一人にとって、異文化理解や異文化コミュニケーションはますます重要」になり、「国際共通語である英語力の向上は日本の将来にとって不可欠」であること、その際、英語の習得だけでなく、「我が国の歴史・文化等の教養」「思考力・判断力・表現力等」を備え、「情報や考えなどを積極的に発信し、相手とのコミュニケーションができなければならない」ことが示されています。そして二つ目は次のように記されています。

　　我が国では、人々が英語をはじめとする外国語を日常的に使用する機会は限られている。しかしながら東京オリンピック・パラリンピックを迎える 2020（平成 32）年はもとより、現在学校で学ぶ児童生徒

が卒業後に社会で活躍するであろう 2050（平成 62）年頃には、我が国は、多文化・多言語・多民族の人たちが、協調と競争する国際的な環境にあることが予想され、そうした中で、国民一人一人が、様々な社会的・職業的な場面において、外国語を用いたコミュニケーションを行う機会が格段に増えることが想定される。（下線筆者）

　注目すべきは、この「提言」が 30 年後の日本社会を見据えた中長期的な展望に基づいているということです。特に下線の「多文化・多言語・多民族の人たち」と「外国語を用いたコミュニケーションを行う機会が格段に増えること」は十分予想されます。そこからは、英語教育を改革して外国語教育を多様化する提言が出てきそうですが、改革の中身はすべて小・中・高・大にわたる英語力に向けてのものです。この、将来の展望と改革の方針とのずれ自体が、そもそもの課題と言えるかもしれません。

　次に、小学校外国語活動に絞って、「提言」の中で示された成果と課題を見てみましょう。「提言」によると、まず「小学校では、コミュニケーション能力の素地を養うという観点で、外国語活動を通じた成果が出ている」とされています。その根拠として、小学生の 7 割が「英語が好き」「英語の授業が好き」、中学生の 8 割が「小学校の英語の授業（簡単な英会話）が役に立った」、そして多くの中学校教員が「小学校の外国語活動導入前と比べて、生徒による英語の「聞く力」「話す力」が向上した」と回答していることがあげられています。

　一方課題としては、「小学校の高学年では、抽象的な思考力が高まる段階であるにも関わらず、外国語活動の性質上、体系的な学習は行わないため、児童が学習内容に物足りなさを感じている状況が見られる」ことや、「中学校 1 年生の 8 割以上が『英語の単語・文を書くこと』をしておきたかったと回答していることから、中学校において音声から文字への移行が円滑に行われていない」ことが指摘されています。

　これらの成果と課題から、小学校中学年への外国語活動の導入および高学年における外国語教育の教科化という提言になるわけです。そして、教科化に向けて、これまでの課題に対応する補助教材が Web サイト上で紹介

され（文部科学省 2016）、その説明では、特に「アルファベットの文字や単語などの認識」「日本語と英語の音声の違いやそれぞれの特徴への気付き」「語順の違いなど文構造への気付き」が具体的な目標となっています。

図1は、文部科学省（2016）の *Hi! friends! Plus* に掲載された教材例の一つです。「語順の違いなど文構造への気付き（絵本）」と題して、「自己肯定感を高める教材」と「世界平和（友だちの大切さ）に関する教材」とが示されていますが、そもそもこの目標と教材題目との関係がよく分かりません。文構造への気付きを促すと同時に、内容的には自己肯定感を高めたり、友だちの大切さに気付かせたりする目標もあるのだろうと解釈するとしても、それぞれの教材でこれらの目標が達成できるのでしょうか。少し詳しく見てみましょう。

図1　教科化に向けての高学年教材例

まず、左の教材では、「I can ....」を用いて各児童が「できる」ことを

第 1 章　小学校における多言語活動の可能性　　5

繰り返し「読んで」自己肯定感を高めるとされています。図の一番下で児童が「野球はできないけれど、お母さんの手伝いができ、家族を幸せにすることができる」と言っていることから、他者との比較はせず、何でもよいから自分のできることを考えれば自己肯定感に通じると言いたいようです。仮にそうだとしても、各児童が自分のできるさまざまなことを見つけてそれを英語で表現することは容易ではなさそうですし、この教材自体が文構造への気付きとは関係がありません。

　次に、右の教材は、「動物たちが追いかけっこをする様子を通し、仲間の大切さに気付くとともに、語順などの文構造についての気付きを促す」とされています。これは、狼（wolf）から始まりエミュー（emu）で終わる動物名の頭文字をつなぐと「world peace」になることで「世界平和」を扱う教材ということらしいのですが、世界平和についての高学年用の内容として、その発達段階に適しているのでしょうか。また、語順について、追う動物と追われる動物の語順を入れ替えると英語では意味が逆になることに気付かせようとしていますが、たとえば日本語との比較がなければ、その特徴に気付くことは困難です。ついでながら、右下の絵について先生と児童の対話例があり、「豚が象を追いかけているのは No.1 か No.2 か」という先生の問いに対して児童は「No.1」と答えていますが、No.1 の二つの絵の片方は豚が象を追いかけ、もう片方は象が豚を追いかけており、このやり取り自体が意味不明です。

　もっとも、これらの教材はあくまでも例であり、文部科学省主導の一事業（英語教育強化地域拠点事業）においてモデル校による実践に使用され、効果が検証されることになっています。しかしながら、効果の検証以前に、それぞれの目標と教材、および対象児童の発達段階との整合性という点で、多くの小学校教諭がどう使うべきか悩むに違いありません。

　以上から、小学校外国語活動の成果と課題は次のようにまとめられます。まず、導入時の目標であった国際理解に関してはまったく議論の対象になっていませんが、高学年必修となってからの目標であるコミュニケーション能力の素地の育成については、児童の自己評価や小・中学校教員の印象ではありますが、動機づけや聞く力・話す力の点で成果があったとさ

れています。一方、課題としては、「アルファベットの文字や単語などの認識」「日本語と英語の音声の違いやそれぞれの特徴への気付き」「語順の違いなど文構造への気付き」が具体的にあげられています。そして、それらの課題に対応するために小学校高学年での教科化や中学年での活動の導入が提言され、その教材例も示されています。しかしながら、提言については、長期的な展望としての多文化・多言語・多民族の人たちとの外国語によるコミュニケーションの必要性と英語のみの外国語教育推進の方針とが一致していないこと、教材に関しては、課題に応えられるものになっていないことが明らかです。

3 外国語活動の一候補としての多言語活動

多言語活動とは、一つの授業の中で複数の言語を導入する外国語活動のことです。多様な言語とその背景文化を単に紹介し経験させるものから、複数の言語を観察・比較して言語一般、および個別言語の特性や機能を考えさせるものまで、さまざまな内容や方法を含む活動を指します。この活動は、欧州で蓄積されてきた、特に小学校段階での外国語教育の取り組み、たとえば「ディデュンハイムプロジェクト」（Young & Hélot 2003）、「言語への目覚め」（Candelier (Ed.) 2004; 大山 2016）、「エオル （EOLE)」（Perregaux *et al.* (Eds.) 2002）などを参考に、日本の小学校に合わせて開発、実践されてきたものです。

では、もっぱら英語のみの外国語活動が主流である日本で、なぜわざわざ欧州の取り組みを参考にしているのでしょう。一つには、前述の「提言」における将来展望の姿、すなわち「多文化・多言語・多民族の人たちが、協調と競争する国際的な環境」がすでに欧州にあるからです。実際には日本にとってもこの状況はそれほど遠い将来のことではなく、現在学校において多言語・多文化の状況が広がりつつあります。たとえば、2014年時点で日本の公立学校に在籍する「日本語指導が必要な児童生徒」の数は 29,198 人（過去最高）にのぼり、その背景となる言語は、ポルトガル語（28.6％）、中国語（22.9％）、フィリピノ語（17.6％）、スペイン語

第 1 章　小学校における多言語活動の可能性　**7**

（12.2％）であり、これら4言語で全体の8割以上を占めています（文部科学省2015）。地域差があるとはいえ、児童の身の回りにはすでに多様な言語話者がいると言えます。問題は、日本ではその事実がほとんど意識されない、あるいは単に「言語能力に問題のある児童がいる」程度の認識でしかない場合が多いことです。

　もう一つの理由は、上記の取り組みの多くが、言語意識（Hawkins 1984）と呼ばれる考え方に基づいており、前述の「アルファベットの文字や単語などの認識」「日本語と英語の音声の違いやそれぞれの特徴への気付き」「語順の違いなど文構造への気付き」などの課題に適しているということです。言語意識とは、「言語の特質および人間生活におけるその役割に対する感受性と意識的な気付き」（Donmall 1985: 7, 筆者訳）とされています。そして Baker & Jones（1998）によると、言語意識教育[1]（言語意識を高めるための教育）の目的として、次の10項目があげられます。

(1) 第一言語や複数の言語についての暗黙の知識を顕在化する。
(2) 言語学習の技術を高める。
(3) 言語の構造、特質および機能に関する認知力・理解力を高める。
(4) 第一言語、第二言語、外国語によるコミュニケーションの効果を高める。
(5) 言語学習過程に洞察力を与え、第一、第二言語、そして外国語の学習を支える。
(6) 児童生徒の学級、学校、地域、地方、国家、そして世界の言語変種[2]の豊かさについての理解を深める。これには、世界全体におけるたとえばスペイン語、中国語、フランス語、ドイツ語の話しことば・書きことばの変種についての議論も含まれ、それにより（たとえば第二、第三言語としての英語話者などの）言語変種話

1　原語である「language awareness」は、「言語意識」、あるいはそれを養うための教育を指す「言語意識教育」の両方に使われています。
2　地域、性別、年齢、階層などによって異なる言語のさまざまな種類を社会言語学では言語変種（language varieties）と呼びます。

者の劣等感が緩和されることになる。

(7) 児童生徒自身が持つ言語の起源や特徴、また世界における位置づけに関する気付きを高め、民族集団間のよりよい関係を促進する。

(8) 児童生徒の、家庭、学校教育、教科書や雇用における言語間の混乱の克服を支援する。

(9) 人間が生活する上で重要な一部となる言語の価値を理解させる。

(10) 世界における複数言語(bilingualism)・複数文化併用(biculturalism)についての理解を深める。(筆者訳)

　これらを読むと、まず10項目の前半五つには、言語一般、個別言語の規則や特質、および機能への気付き、言語の学び方などがあげられ、上述の言語の特徴、文字や文構造への気付きなどの課題はすべて含まれることが分かります。一方、後半五つは、方言なども含めた言語変種の多様性への理解と寛容性、言語とアイデンティティの問題や言語使用の実態理解などを扱うものであり、上の教材例で題材となっていた自己肯定感や世界平和(国際理解)にもつながる可能性があります。この点に関しては後述します。

4 多言語活動の実践例

　では、多言語活動の実践例を少し見てみましょう。第1部トビラの写真(p. 1参照)は、数人の留学生をALTとして、彼らの言語の音声と文字を同時に提示する活動です。いずれもALTが自分の名前と出身国を言った後、それを板書します。児童はそれを聞いてどこから来たかをあてるという、単にいくつかの言語に触れさせる程度の活動ですが、日本語とも英語とも異なる音を熱心に聞き取ろうとし、文字を見て、日本語と似たものを読もうとする児童もいます。特に、アラビア文字の「右から左」、モンゴル文字の「縦書きのみで左から右」の書き方に興奮する児童が少なくありません。これだけでも、児童は文字への関心を高め、その多様性を

実感していると言えるでしょう。

　図2は、同じく文字を題材とするグループ活動で使われる教材例です。いずれの言語についても「雨が降っています」「雨が降っていません」の2文が1枚のカードに書かれています。まず各グループにカードを配り、自由に分類させます。そして、なぜそう分けたかを後からグループごとに説明させます。

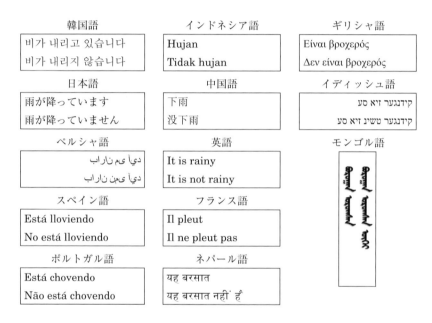

図2　文字と文構造への気付きのための教材例

　この活動では、複数の言語の比較、言語間の共通性、相違性、個々の言語の規則の推論、そしてそれらの言語化を行っているわけです。児童は、カードを観察しながら、二つの文の共通部分と異なる部分を比較し、すでに持っている日本語、あるいは英語の知識から「否定」を表す箇所がどこかに注目します。結果として、たとえば、日本語、ネパール語、モンゴル語（ただしモンゴル語は本来縦書きのみ）を同じグループとします。理由は「否定」が文末に来るからです。もちろん単純に、漢字、アルファベッ

ト、それ以外というように文字の形を基準に分類しても構いません。いずれにしても、この活動により、文字や文構造への気付きが可能であることが分かると思います。

　ここで一つ付け加えるべきは、上述の国際理解や自己肯定感に資する効果です。言うまでもなく、国際理解は、単に英語圏の文化理解で事足りるものではなく、ヒト、モノ、資本、情報が国境をこえる時代にあって、多様な文化、民族あるいは国家間の関係性はもちろん、人権問題等を含む地球的課題の理解が前提となります。そして、小学生の発達段階を考えれば、国際理解の出発点として、国外ではなく身近にある国際化にまず目を向けることが適切な場合も多いでしょう。中でも、身近なヒトの国際化に注目し、児童のいる学級、学校、地域が国際化し、そこでどのような問題が起こっているのかに気付かせること、すなわち「内なる国際化」への気付きが重要です。特に学級や学校に外国につながる児童が在籍する場合には、その背景言語を教材に組み込むことにより、多数派の日本人児童は、見知らぬ言語に詳しい友人の存在に気付くかもしれません。つまり、今までほとんど意識しなかった身近な言語の多様性、そして「内なる国際化」を経験的に学ぶことになります。言語的に弱者であった児童が一躍「言語の先生」になることも起こりえます。

　さらに、ここで言う「内なる国際化」への気付きは、もう一つ別の意味を含んでいます。それは、各個人の「内なる国際化」です。たとえば、「日本人」と一口に言っても、実際には多様な文化的要素が、程度の差はあれ一個人の中で複雑に入り交じっているはずです。言語に関しても同様で、日本語のいわゆる標準語、方言、片言の英語、中国語、韓国朝鮮語、あるいは日本手話などのさまざまな言語変種を少なくとも部分的に使える・分かる個人は少なくありません。学級内で言語的少数派である児童は、さらに言語レパートリーが広いでしょう。このような自分自身のアイデンティティの一部をなす母語、および複言語・複文化能力（Council of Europe 2001）[3] に気付き、それを肯定的に捉えるようになることも、多言

3　複数の言語・文化に関して個人が持つ部分的な能力が機能的に統合された能力を指します。たとえば、日本語は 4 技能すべてが備わっており、中国語は読む能力だけあるという場合、

語活動の効果の一つとして期待できるのです。

5 おわりに

　これまで、小学校外国語活動の背景、成果、課題を概観し、多言語活動の可能性について考えてきました。結論として、多言語活動は、将来的展望、学校での言語状況、外国語活動の課題に応えうる候補の一つであると言ってよいでしょう。

　ただし、その効果は期待できるとはいえ、政治的・社会的にもっぱら英語が求められる中で、多言語活動の実施に関わる課題もあります。その教材、教員の力量形成、小学校教育課程内での位置づけ（教科か活動かそれ以外か）などがあげられます。もちろん、これまでの取り組みで教材はある程度蓄積され[4]、教員研修も一部で行われ始めています。また、多言語活動自体が英語活動に取って代わるものではなく相補うものと考えれば、英語を扱う外国語活動の一部に継続的に取り入れる方法もあるでしょう。最も大きな課題は、その必要性や有用性を教育関係者、そして広く社会に意識してもらうことかもしれません。

ディスカッション・ポイント

① 自分自身にどのような言語変種があるか話し合ってみてください。

② あなたが小学校教師で、自分の学級に日本語以外の言語を母語とする言語的少数派の児童が在籍する場合、どのような外国語活動を行いますか。

③ 次の多言語活動教材は、筆者の大学の授業で大学院生[5] が作成したものです。小学校の授業での使い方（目的と方法）を考えてみてください。

　それぞれの言語能力が並列して別々に存在するのではなく、部分的な能力も含めた一つの統合された言語能力があると考えるわけです。文化に関する能力も同様です。

4　たとえば、Web サイト「多言語・多文化教材研究」を参照。

5　武藤加那子さんと国元穂高さん（共に奈良教育大学教職大学院生）が作成。

時刻	日本語	英語	中国語	韓国語	ベトナム語
7:00	ゴゼンシチジ	セブンエイエム	シャンウーチィディエン	オジェンイルゴブシ	バイゾーサン
8:00	ゴゼンハチジ	エイトエイエム	シャンウーバーディエン	オジェンヨドルシ	タムゾーサン
12:00	ショウゴ	ヌーン	チョンウー	チョンゴ	チュア
16:00	ゴゴヨジ	フォーピーエム	シャーウースーディエン	オフネシ	トゥーゾーチオウ
22:00	ゴゴジュウジ	テンピーエム	シャーウーシーディエン	オフヨルシ	ムォイゾートイ

参考文献

大山万容（2016）『言語への目覚め活動——複言語主義に基づく教授法』くろしお
出版

多言語・多文化教材研究（2013）「多言語・多文化教材研究」<http://www.waseda.
jp/prj-tagengo2013/blog/html/index.html>（2017 年 6 月 12 日閲覧）

文部科学省（2008）『小学校学習指導要領』<http://www.mext.go.jp/component/
a_menu/education/micro_detail/__icsFiles/afieldfile/2010/11/29/syo.pdf>
（2017 年 6 月 12 日閲覧）

文部科学省（2014）英語教育の在り方に関する有識者会議「今後の英語教育の改
善・充実方策について　報告——グローバル化に対応した英語教育改革の五つ
の提言」<http://www.mext.go.jp/b_menu/shingi/chousa/shotou/102/houkoku/
attach/1352464.htm>（2016 年 12 月 30 日閲覧）

文部科学省（2015）「「日本語指導が必要な児童生徒の受入状況等に関する調査
（平成 26 年度）」の結果について」<http://www.mext.go.jp/b_menu/houdou/
27/04/__icsFiles/afieldfile/2015/06/26/1357044_01_1.pdf>（2016 年 12 月
30 日閲覧）

文部科学省（2016）「小学校の新たな外国語教育における補助教材（Hi, friends!
Plus）の作成について（第 5・6 学年用）」<http://www.mext.go.jp/component/
a_menu/education/detail/__icsFiles/afieldfile/2015/06/12/1358855_02.pdf>
（2016 年 12 月 30 日閲覧）

Baker, C., & Jones, S. P. (1998) *Encyclopedia of bilingualism and bilingual
education.* Clevedon: Multilingual Matters.

Candelier, M. (Ed.). (2004) *Janua linguarum: The gateway to languages.* Strasbourg:
Council of Europe.

Council of Europe (2001) *Framework of reference for languages: Learning, teaching,
assessment.* Cambridge University Press.

Donmall, B. G. (1985) *Language awareness.* London: Centre for Information on

Language Teaching and Research.

Hawkins, E. (1984) *Awareness of language: An introduction.* Cambridge University Press, Revised Edition.

Perregaux, C., de Goumo ë ns, C., Jeannot, D., & de Pietro, J.-F. (Eds.). (2002) Education au langage et ouverture aux langues à l'école (EOLE), two volumes. Neuchâtel: General Secretariat of the CIIP.

Young, A., & Hélot, C. (2003) Language awareness and/or language learning in french primary schools today. *Language Awareness, 12*(3/4), 234-246.

第**2**章

高等学校における多言語の学びに
向けて

山下誠

　日本では、中学生から（最近では小学生から）大学生まで、英語を習うのが当たり前のようになっています。みなさんは、高校で英語以外の言語を喜々として学んでいる生徒がいることを知っていますか。この章では、いくつかの例を紹介しながら、日本の高校での多言語教育について、みなさんといっしょに考えてみたいと思います。

1 はじめに

　初対面の方に、鶴見総合高校で韓国語を担当していると自己紹介をすると、名刺を見る視線がしばし泳いだ後に、「…はあ、韓国語ですか…。え？授業ですか、それは？」というよどみがちな答えが返ってきます。肩書きが、"社会・外国語（韓国朝鮮語）"となっているのだから授業に決まっているのですが、過半の方々の反応はこうです。

　それも無理はありません。日本の高校で韓国朝鮮語の授業がある学校はわずかに6%です。それも、盛んになったのは1990年代以降のことなので、現在30代以降の方々にとっては、想像さえできないことなのでしょう。しかしながら、日本には、韓国朝鮮語ばかりでなく、さまざまな言語に触れ、豊かなことばの学びをしている生徒たちが、確実にいるのです。

15

2 日本の高校における多言語教育の現状

2014年現在、英語以外の外国語を一つ以上開設している学校は708校あり、高等学校総数4,963校中、約7校に1校（14％）の割合で英語を含む複数の外国語が開設されています。

表1　英語以外の外国語開設状況（学校数）

	1991	1995	1999	2003	2007	2009	2012	2014
中国語	107	192	372	475	574	580	542	517
韓国朝鮮語	24	73	131	219	313	306	318	333
フランス語	107	147	206	235	265	246	222	223
ドイツ語	61	75	109	100	102	103	106	107
スペイン語	31	43	76	84	109	107	100	109

文部省（1991, 1995, 1999）、文部科学省（2003, 2007, 2009, 2012, 2014）による

表1に示すとおり、その言語種は、中国語が圧倒的に多く1位、次いで韓国朝鮮語、フランス語、スペイン語、ドイツ語の順になっています。この間の変化を見ると、どの言語もほぼ一貫して増加してきましたが、特に1990年代後半以降の伸びが顕著です。これは、1989年公示の高等学校学習指導要領が、新学力観を採用したことに関係があります。旧来の学力観が知識や技能を中心にしていたのに対して、この新学力観とは、児童・生徒の思考力や問題解決能力、そして生徒の個性を重視するものでした。学習内容についても体験的な学習が多くなり、国際理解の推進が掲げられたこともあいまって、英語以外の多様な外国語の学習は、まさにこのような時代の要請に基づいて認知されたのです。さらに、「高等学校教育の一層の個性化・多様化を推進するため、普通科、専門学科に並ぶ新たな学科として」（文部省1993）、1994年に単位制による総合学科高校が設けられたことにより、多様な選択科目の開設が推進されたことなども大きく影響しました。その後外国語の開設校はさらに増加しますが、2007～2009年を境に、全体的に横ばい、もしくは微減に転じます。

かつては、英語に並んでドイツ語かフランス語を学ぶものだ、とされていた日本の高等教育の常識に準ずる形で、少ないながらも行われていたのが高校の多言語教育でした。しかし、このように最近は、中国語、韓国朝鮮語などの近隣語を含めて徐々に盛んになってきています。

3 日本の高校における韓国朝鮮語教育

3.1 その類型と変遷

　日本の高校における韓国朝鮮語は、1973年、広島電機大学附属高校（現広島国際学院高等学校）と兵庫県立湊川高校で始まりました。広島・兵庫ともに在日コリアンの多住地域であり、当時は、今からでは想像もできないほど激しい偏見と差別がありました。そのために、在日コリアンと日本の高校生の間に衝突が絶えず、これに苦慮した現場の教師たちが、言語教育を通してその克服が可能ではないかと考えて、いわば未開の大地を切り開いたのでした。そして、この動きは大阪・東京などに広がり、今日の基礎を築いていきます（人権教育型）。

　80年代に入ると、私立学校の中にいち早く韓国修学旅行を行う学校が現れ、それに伴う事前・事後学習として、韓国朝鮮語授業を開設するケースが全国的に見られるようになります（日韓交流型）が、韓国朝鮮語授業を開設する学校はいまだ例外的な存在で、この20年間を「草創期」と呼びます。

　90年代に入ると、本格的な拡大期を迎え、97年にドイツ語と、その後フランス語とも逆転するなど、ほかの言語を圧倒する勢いを見せるようになります。2007年には300校を超え、中国語に次いで第2位を占めるに至りました。この20年間を「拡大期」と呼びます。

　この時期は、異文化教育型の外国語教育全体が隆盛を見せたのですが、中でも韓国朝鮮語が群を抜いて増えた理由としては、90年代中頃以降の大衆文化の相互交流、2002年のサッカーW杯日韓共同開催をきっかけに、日韓交流ムードが広がったことがあげられます。これに拍車をかけたのが、2004年の韓国ドラマ「冬のソナタ」の大ヒットに始まり、歴史的

第2章　高等学校における多言語の学びに向けて　　**17**

な社会現象を伴った第1次韓流ブームでした。そして、とりわけ高校生に大きな影響を与えたのが、2010年に始まりK-POPを爆発的に広めた第2次韓流ブームです。第1次韓流ブームをきっかけに韓国ファンになった中高年の人たちの中には、その後の逆風の中で熱が冷めたりするケースも見られましたが、第2次韓流ブームの高校生たちは、嫌韓流などどこ吹く風とばかりに、K-POPスターの追っかけに余念がありません。私からすると、社会的無関心を心配したくもなるところですが、考えてみれば、かつての若者も思春期になるや、こぞってロックやフォークなどの洋楽を聞いて、背伸びをして英語の歌詞を口ずさんだりしたものです。K-POPは、もはやそれに並ぶ音楽ジャンルとして確立したということでしょうか。かくして、近年ほかの外国語開設校が漸減傾向にある中、韓国朝鮮語開設校の数の動向は依然堅調で、韓国朝鮮語教育は「拡大期」から「定着期」に入ったと言えそうです。

3.2 学びの実際

　それでは、韓国朝鮮語教育の場で、教師は生徒に何を伝えようとし、生徒は何を学んできたのでしょうか。全国の生徒が残した感想文や教師への聞き取りなどをもとに、振り返ってみたいと思います。

① 　草創期－人権教育型

　韓国朝鮮語教育が、在日コリアンをめぐる人権教育をきっかけに始まった1970年代当時、日常生活の中で抑圧されている在日の高校生の中には、自分が在日であることを受け入れようとしない生徒が少なくありませんでした。心ある教師たちは、彼らが自信を持って生きるためには、民族としての誇りを取り戻すべきだと考え、日本人生徒に朝鮮文化を教えようとしましたが、思うようにはいきませんでした。ところが、日本名で学校に通っていた大阪のある在日生徒が、韓国語の授業に出ているうちに、在日であることをみるみる肯定的に考えるようになり、授業中は本名を名乗るようになりました。それは、席を並べる日本人生徒が、自分の母国語である韓国朝鮮語を楽しんで勉強しているのを見て、まるで自分自身を受け入

れてくれているように感じたからではなかったでしょうか。
　一方で、ある日本人生徒は次のように語っています。

　　　初めてハングルを習って、書いたり話したりしているうちに、だん
　　だん親近感がわいてきた。前までは絶対に使いたくないことばの一
　　つに入っていたと思う。（略）横浜でチマチョゴリ着てる女の子たち
　　が「アンニョン」って言ってるのを聞いたのはビックリした。何か通
　　りすぎただけなのに耳に入ってきて、もしハングル語なんかやってな
　　かったら何も気付かずに通りすぎているんだろうなと思う。

　彼女は、自分がハングルに代表される朝鮮なるものに近づこうとしな
かったことを自覚しているのですが、その体現者である朝鮮高校生が口に
した「アンニョン」という音を直接耳で聴き、かつそれを、韓国朝鮮語の
意味のある単語として認識したことで、その朝鮮高校生の存在を初めて自
分自身の力で受けとめたのだと思います。
　このようにことばの学びとは、知識注入型教育では乗り越えられない壁
を、ことばを体で感じることでいつの間にか透過してしまう、不思議で魅
力的な営みなのです。

② 　拡大期−異文化教育型
　1990 年代に入り、異文化教育分野の選択科目として、さっそうと登場
した韓国朝鮮語でしたが、実際には必ずしも積極的な動機を持った生徒ば
かりではなく、むしろ迷いながら選択したケースが少なくなかったように
思います。まだ、韓国が"近くて遠い国"と呼ばれていた時代、生徒に
とっては、気にはなるけども近づきがたい存在だったのでしょう。しかし
彼らは学ぶ過程で、むしろその分大きな成長を遂げることになるのです。
ここで当時、韓国朝鮮語を学んでいた生徒たちは次のような感想を寄せて
います。

第 2 章　高等学校における多言語の学びに向けて　　**19**

〈偏見への気付きと克服、世界観の拡大〉

・ 実は私がハングルを選んだのはしかたなくでした。何か第二外国語を学びたいと昔から思っていたのですが、私がやりたいのは実はヨーロッパの言語でした。当時私には「欧米はかっこよくてアジアはかっこわるい」という、おかしな（でも日本人にありがちな）偏見があったのです。でも、自分の誤りに気付くのに、あまり時間はかかりませんでした。韓国語を習い始めてから、街でハングルを見かけると気にかけ、テレビで韓国のドラマや歌が流れていると意識して見るようになり、今私にとって韓国語の響きはかっこいいものです。

・ この2年間で、僕の考え方が広がったというか、韓国という一番近い国を足がかりに、世界に目を向けるようになった。

〈ことばを学ぶ喜び、英語学習への回帰〉

・ 自分たちがまったく使ったことのない音とことばにあふれた授業は毎回とても新鮮だし、日本語や英語だけではなくことばって素敵だなと実感します。

・ ぱっと見ただけでは到底文字には見えないあのハングルが文字に見えたときは本当に嬉しかったものだった。この飽きっぽい私が2年間も続けてこられたのは、ハングルにそれ相応の魅力があったからだろう。

・ 今回英語とは違う外国語を勉強して、外国語を学ぶのは本当に大変だということを再確認し、でも楽しく英語を学ぶ意味も初めて分かったような気がします。「何で日本人なのに英語を？」とずっと遠ざけていましたが、苦手な英語でも意欲的に勉強していきたいと思うようになりました。

〈自分への信頼の回復〉

・ 高校3年間で、一番自分のものになったと言えるのは韓国語だ。

・ 本当に本当に楽しい2年間でした。（中略）この2年間は私のじまんです。こんなに"勉強が楽しい！"って思えたのは韓国語が初めてです。

・ 韓国語の勉強をしている自分は、何か普段の自分とは違って、生き生きしたり、楽しんでできるので嬉しいです。

偏見への気付きと世界観の拡大、ことばを学ぶ喜びの実感と英語学習への回帰、そして自分への信頼の回復……いずれも、教師たちが飽くことなく追及してきたことですが、たやすく到達できるゴールではありませんでした。生徒たちの素晴らしい成長に、ことばの学びの神通力を感じざるを得ません。多様な言語を知ることは、実は自分自身の多様な可能性の発見と、その実現につながるのです。

③　定着期−新日韓交流型

　2012年頃から、第2次韓流ブームの影響を受けた世代が高校に入るようになると、韓国朝鮮語の授業には大きな変化が訪れます。というのも、彼らは初期設定として韓国文化に肯定的であり、かつすでに韓国について一定の知識を持っているなど、それまでの生徒たちとは、明らかに異質なのです。ハングルが母音と子音から成り立つことがもはや世間の常識となっている中で、独学でハングルの読み書きを習得している生徒も多く、日常的にK-POPや韓国ドラマに接しているせいか、驚くべき聞き取り・発話能力を持つ生徒もまれではありません。彼らの学習動機は、K-POPスターのことばを聞き取りたい、韓国の同世代の若者と交流したいなど、現実の言語使用場面を想定したものが大半を占めています。姉妹校交流や、さまざまな機関が主催する日韓交流事業など、直接交流のチャンス[1]は今や手を伸ばせば届くところにあるのです。これら確信的な動機を持った生徒を中核に、「何となくかっこよさそう」といった誘発的動機から選択する生徒が周辺を取り巻く形で、韓国朝鮮語クラスが活況を呈しているという話は、昨今よく聞くところです。

　一方で、間口が広がった分、K-POPやコスメなどサブカルチャーにばかり目が行きがちで、表面的な理解にとどまる傾向が強くなったのではないか、という懸念もあります。多くの生徒がプラスの関心を持つこと自体は好ましいことですが、それが持続的で深まりのあるものに育っていくか

1　2016年度、鶴見総合高校の生徒は、姉妹校交流による相互訪問のほかに、国際文化フォーラム主催「日韓の言葉を学ぶ高校生交流2016」、日韓文化交流基金主催「韓国青年訪日団学校訪問」に参加しています。

どうか、私たちは新たな課題を背負うことになったとも言えるでしょう。

4 鶴見総合高校における多言語の学び

　ここで、私が勤務する鶴見総合高校での、多言語教育について紹介します。本校は、2004 年、再編統合により開校した単位制総合学科高校で、100 余の多様な選択科目を開設しています。その中で、韓国朝鮮語、中国語、ポルトガル語が、グローバル教養系列の言語領域の科目として位置づけられています。また、前身の寛政高校に、外国につながる生徒が多く在籍していた経過から、入試の際に 20 名の在県外国人等特別募集 [2] 枠を持ち、一般募集の生徒も含めると、外国につながる生徒の割合は、全校生徒の 10％を上回っています。そのため、教室内で中国語やタガログ語が日常的に飛び交っている点が、他校にはない特徴です。席を同じくする彼らが、母語と日本語を自在にスイッチさせる姿は、日本人生徒にとっては驚嘆以外の何物でもなく、外国語に憧れと親近感を抱くきっかけになっているようです。一方で、外国につながる生徒たちは、特に外国語科目に関心を持つ傾向が強く、2016 年度 3 年次生の場合で見ると、何らかの外国語を選択した生徒の割合は、36 人中 22 人と、61％にも及びます。日本語という言語を一定程度習得した経験が、ほかの言語への関心を高めていることが一因としてあげられます。これらの諸要因が相乗して、本校生徒にとってはさまざまな外国語学習への関心を持ちやすい環境が形成されていると考えられ、英語以外の外国語科目を選択する生徒の割合は、例年おおむね 10％以上となっています（表 2）。

2　外国籍の人（難民として認定された者を含みます）で、入国後の在留期間が通算で 3 年以内の人を対象としたもので、2017 年度入試では、神奈川県立高校 12 校、横浜市立高校 2 校で実施されています。

表2 鶴見総合高校における英語以外の外国語選択者数[3]

	中国語		ポルトガル語		韓国朝鮮語	
	入門	発展	入門	発展	入門	発展
2015 年	15	7	21	0	37	5
2016 年	12	6	33	5	64	9
2017 年	14	0	16	0	41	7

　本校の事例は、多くの高校の中でもやや特殊な部類に属するかもしれません が、一方で高校生には、本来こういった言語への興味や関心が内在し ているのであり、きっかけさえあれば、それが表出する可能性があること を示していると考えています。

4.1 韓国姉妹校交流

　本校では、2006 年より大韓民国京畿道安山女子情報高校（現安山デザ イン文化高校）との交流を開始し、これまで日本側から8回、韓国側か ら5回、延べ13回にわたり相互訪問を行ってきました。

　例年11月に姉妹校を迎えて行う交流行事では、韓国朝鮮語入門講座の 受講者が歓迎ポスターづくり、発展講座の受講者が司会・通訳を担当し、 学習成果を確認する機会を得ています。特に後者は、あらかじめ用意され た原稿を読み上げる形ではあるものの、日常の学習の積み重ねなくしてで きない的確な発話で、好評を博しています。

　彼らが、交流にどう臨み、何を得ているのか、ホームステイの受け入れ をした生徒の感想を見てみましょう。

・不安なことばかりでしたが、少し韓国語で会話できるようになってきて 仲良くなり、もっともっと韓国語を勉強したいと思うようになりました。
・韓国の政治の話やセウォル号の話[4]を聞いたり、いろいろと深い話をし

3　2017 年は予定。なお、2017 年度より1年次生は選択不可。

4　2014 年4月16日に大型旅客船セウォル号が沈没し、修学旅行中の高校生を含む300人 弱の犠牲者を出した事故を指します。

第2章　高等学校における多言語の学びに向けて

て、すごく仲良くなれて本当によかったです。

・ 共通語の英語で会話をして、普段の英語の授業が役に立ちました。お互いの国のことばが話せなくて、携帯アプリを使っての会話が多くなってしまったので、今度は韓国語を勉強してもっとコミュニケーションをとれるようにしたいなと思いました。

　このように、直接交流によりさらなる学習への動機づけを得る生徒に加えて、単なる親善にとどまらず、社会的領域での意見交換に踏みこむケースもある点が注目されます。一方、韓国朝鮮語を受講していない生徒の中には、英語学習の成果を実感し国際共通語としての有用性を確認しつつ、相手の母語の学習に意欲を示す生徒もいて、直接交流が多面的な関心の喚起につながっていることが分かります。

　これら直接交流で出会った日韓の若者が、その後 SNS などで日常的なやり取りを継続するのは当然のこととして、長期休業や週末を利用して気軽に相互訪問をする姿には、まさに驚くばかりです。かつての生徒が「新しい世界に出会って嬉しい」と言っていたのが、今や「憧れの世界に近づけて嬉しい」、そして「もっと近づきたい」に変わってきたのです。

4.2 個別言語から多言語の学びへ

　2016 年度の韓国朝鮮語発展講座の受講者 9 人の母語を見ると、中国語 4 人、タガログ語 2 人となっていて、何と 3 分の 2 が日本語を母語としない生徒で占められ、鶴見総合ならではの多様な構成を誇っています。ところが、これが思わぬ壁となります。韓国朝鮮語は、文法や語彙など、日本語との共通性が高く、日本語母語話者にとってはなじみやすい言語ですが、このクラスでは、その利点が日本語母語生徒とそれ以外の生徒の学力差を引き起こすことにつながってしまったのです。どの生徒も前年度の入門講座に続いて自ら選択しているので、高度で発展的な授業を展開しようとするのですが、次第に学習に対する動機が低下していく傾向が感じられるようになりました。高等学校における外国語の授業のねらいは、当該言語の運用能力を養うことはもとより、決してそこにとどまらず、言語に対

する理解と関心を高めることにより多様な文化を受け入れ、多様な人々と協働していく姿勢と能力を育てる点にあると、私は考えています。そういった観点から見ると、これは望ましい状況とは言いがたく、その改善は焦眉の課題でした。

　そこで、一つの試みとして行ったのが、2年間にわたって学んだ韓国朝鮮語、必修科目である英語、そして生徒たちの母語である日本語、中国語とタガログ語、合わせて5言語による「多言語活動」です。具体的には、「私は図書館に行きます」を例文として、各言語と比較対照し、それらを教え合い、学び合うのです。期待する効果は主として、①自らの母語と学習言語の関係を客観視すること、②自らの母語にほかの母語生徒が関心を傾けることを通して自尊感情を持つこと、③ほかの生徒の母語に触れることで未知の言語を学ぶ意味を再確認することの3点でした。結果はどうだったか、生徒の感想文を見てみましょう[5]。

・韓国語や日本語のように「人→場所→行く」の並びと、英語や中国語のように「人→行く→場所」の並びと、大きく分けて2種類の文法があるように感じられた。タガログ語は、さらにちょっと違うが、単語は英語と共通しているのがあって、面白かった。（日）
・中国語の発音は、日本語にない音が多いので難しかったです。でも、聞きながら発声していると耳が憶えてきて、最初よりは上手にできるようになった。タガログ語も話せると楽しくて、その国の子たちに近づける感じがして、すごくよかったです。言葉の勉強をするのは、楽しいことだと思いました。（日）
・中国語を教えていて、最初はちょっと通じないかなと思いましたが、練習を重ねるごとに上手になっていました。なので、私たちが韓国語を学ぶのも同じ感じかなと思いました。何度も練習することが大事！（中）
・今日やってわかったことは、日本語と韓国語が本当に似ていて、助詞があるところや語順がほぼ同じ。タガログ語が一番つかみにくくて、難し

5　文末（　）内は生徒の母語の別を表しています（日＝日本語、中＝中国語）。

いんじゃないかなと思いました。英語は中国語と似ていて、英語の勉強を頑張ろうと思いました。（中）

・みんなに中国語を教えてみて、やっぱり中国語の発音は難しんだなと思いました。最初は読めなかった人もいたけど、最終発表の時にすごくうまく言ってくれたのが感動でした！（中）

　これらの感想文からは、この活動を通して、生徒たちにはさまざまな気付きがあり、韓国朝鮮語に出会ったときの心の弾みを取り戻した様子が窺えます。そして、最後のアンケートには、ほぼ全員が、韓国朝鮮語の学習を継続することはもちろん、ほかの言語にも挑戦してみたいと答えています。彼らには、韓国朝鮮語の学習をきっかけとして、言語に対する豊潤な関心を持ち、さらにそれを育てていくことが期待されます。

4.3 言語の学びの広がりと深まり

　中学生から K-POP を聞き始めたという S さんは、「自分が韓国の歌が好きというと、なぜ周りの大人は冷たい反応をするのか不思議だった」と振り返ります。高校入学後、韓国朝鮮語の授業を選択し、学校内外の高校生交流にも参加した彼女は、3 年次の必履修科目である課題研究のテーマに、その疑問をとりあげました。まず着目したのは、日韓双方ともに好感度が過半を下回るという結果を示した既存の世論調査で、これをもとにしたアンケート調査を、本校と姉妹校である安山デザイン文化高校の生徒を対象に行いました。その際、姉妹校交流に参加経験のある生徒と経験のない生徒に分けるほか、本校近隣で姉妹校交流を行っていない学校にも調査を依頼し、多面的な比較を試みました。その結果、両校ともに一般の人に比べて、相手国に対して好意的である者の比率が高いこと、また、交流に参加した生徒のほぼ全員が、それを通してさらに好感度があがったと答えていることが分かりました。一方で、韓国側で日本に親しみを感じないとした生徒の理由を見ると、歴史問題が上位を占めていて、日本の生徒とは大きな違いがありました。いつも笑顔で接してくれていた姉妹校の生徒が、実は歴史問題では日本に対して批判的であるという事実。いつも笑顔

で接してくれていた生徒がぎっしりと書いた自由記述欄のハングルを、彼女は重く受けとめざるを得ませんでした。しかし、「歴史を直視していない国の態度が問題で、今の日本人を恨むのではない」ということばに、個人と国家を区別すべきであり、直接交流によって個人対個人の関係ができれば、歴史や領土問題など、お互いの意見の違いについても、きちんと向き合えるのではないかという考えに達します。

　ここで大事なのは、彼女が姉妹校の生徒との韓国朝鮮語による直接対話を通してこの結論に至ったという点で、これこそ、言語学習の成果にほかなりません。そして、姉妹校交流のない高校では、韓国に対して関心は高い一方で批判的な生徒が相対的に多いという結果が出ましたが、そのような高校生も直接交流の機会を得られれば大きく変わる可能性があり、そうしたことの積み重ねが日韓関係の真の改善につながるのではないか、と結論付けています。国際関係を学ぶ大学に進学する彼女は、歴史を学んで交流を深めるとともに、高校生の交流が広がるような支援をしていきたいと抱負を述べています。サブカルチャーへの関心を入り口として言語を学び始め、やがてそれが「深まり」と「広がり」につながっていったＳさんの事例は、今後の多言語教育の方向性に大きな示唆を与えてくれています。

5　多言語教育の今後

　これまで、韓国朝鮮語を生き生きと学ぶ生徒について紹介してきましたが、彼らの姿は、実は多くの高校生が言語を豊かに学ぶ機会を待っていることを端的に物語っているのではないかと考えています。その学びの場をより広げていくことが、私たちに求められているのです。

　現行の学習指導要領のもとでも、そのほかの外国語をすでに学校設定科目として開設することはできますが、冒頭で見たように、今後大きな増加は見込めない状況です。そこで紹介するのが、究極の提案とも言うべき日本言語政策学会多言語教育推進研究会（2014）の「提言」です。詳しくは、森住・古石・杉谷・長谷川編（2016）を見ていただければと思いま

第2章　高等学校における多言語の学びに向けて　　**27**

すが、これは文字通り高校生が必ず二つ以上の外国語を学べるように、学習指導要領を改めていこうというものです。その当否については議論の余地があり、また実現のためには幾多の課題があることは承知しています。しかしながら、少なくとも、「提言」が参考としているEUやアジア諸国、あるいは英語圏諸国などにおける多言語教育の現状を鑑みるに、複数の外国語の必修化を視野に入れつつ、日本の言語教育政策をもう一度見つめなおす必要があると考えています。

6 おわりに

　私は、27年前のある春の朝起きざまに、韓国朝鮮語を学ぶことを思い立ちました。そのときのことを、私はおもしろがって「夢枕に神が降り立った」と周囲に言っているのですが、誇張ではあっても嘘言ではありません。「何か外国語を学んでみたいが、今更英語ではないだろう」と考えつつ、日常に追われるままに30代後半にさしかかろうとしていた私が選んだのは、なぜか漠然と否定的なイメージを持っていた韓国のことばでした。後から思えば伏線はなくはなかったのですが、当時の私にとっては青天の霹靂でした。ところが実際に学んでみると、なんと魅力的なことばではありませんか。その思わぬ宝ものを手にした喜びと、どうしてこんなことを知らずに生きてきたのだろうという口惜しさとが綯い交ぜになった感興が、その後今日に至るまで私を突き動かしてきました。その過程で得た、韓国朝鮮語は学校教育の一分野になりうるのではないかという予感は、今や確信に変わりつつあります。そして、今後は個別言語種を超えた多言語連携により、本当の意味での言語の豊かな学びの実現を目指すべきであると考えています。

ディスカッション・ポイント

1　高校生が多言語を学ぶ意味は何でしょうか。
2　多言語教育の実施形態は、選択と必修とどちらがよいでしょうか。

3 日本の高校において多言語教育を広めるには、どのような方策がある
でしょうか。

参考文献

日本言語政策学会多言語教育推進研究会（2014）『グローバル人材育成のための
外国語教育政策に関する提言——高等学校における複数外国語必修化に向け
て』<http://jalp.jp/wp/?page_id=1069>（2017 年 6 月 12 日閲覧）

森住衛・古石篤子・杉谷眞佐子・長谷川由起子（編）（2016）『外国語教育は英語だ
けでいいのか——グローバル社会は多言語だ！』くろしお出版

文部科学省（2003）『平成 14 年度高等学校における国際交流等の状況について』
文部科学省

文部科学省（2007）『平成 18 年度高等学校における国際交流等の状況について』
文部科学省

文部科学省（2009）『平成 20 年度高等学校における国際交流等の状況について』
文部科学省

文部科学省（2012）『平成 23 年度高等学校における国際交流等の状況について』
文部科学省

文部科学省（2014）『平成 25 年度高等学校における国際交流等の状況について』
文部科学省

文部省（1991）『高等学校における国際交流等の状況について』文部省

文部省（1993）「総合学科について」文部省初等中等教育局長通知 文初職第 203
号

文部省（1995）『高等学校における国際交流等の状況について』文部省

文部省（1999）『高等学校における国際交流等の状況について』文部省

第3章

大学で多言語を学ぶ意義

國枝孝弘

> 戦後、日本の大学は、長らく外国語を必修科目としてきました。21世紀に入ると、グローバルということばが象徴するように、世界とどうつながればよいかが大きな課題となってきました。その潮流の中で、外国語教育も大きな見直しを迫られています。特に日本では、英語以外の言語を学ぶことの意味が問われています。この章では、言語それ自体だけではなく、文化を重視し、「異文化間教育」の考え方を援用しながら、大学の「多言語教育」を考える際に必要な理論と実践を提示します。

1 はじめに

　「二外」ということばを聞いたことがありますか。「第二外国語」の略です。大学生がよく使う学生ことばですが、この名称を使うとき、次の二つの意味がこめられています。一つは英語が第一で、英語以外の外国語が第二という序列です。もう一つは大学における多言語教育の「多」は、ほぼ「二」と同じであるという事実です。では、通常、「英語＝第一外国語」とみなされている中で、英語以外の言語を学ぶ意味があるとするならば、それはどこにあるのでしょうか。

　また当然ですが、ことばにはそれを話す人々がいます。そして自分がある言語を学んでいけば、やはりその言語を話す人々、その人々の持つ習慣や考え方にも関心を持ち始めるのではないでしょうか。習慣や考え方を

「文化」ということばでまとめるならば、外国語学習において、この文化的側面はどう位置づければよいでしょうか。

　この章では言語と文化の多様性を考えながら、今の時代に大学で外国語を学ぶことの意義を考えていきましょう。

2　制度から見た大学における外国語教育

　まずは第二次世界大戦後の日本の大学における外国語教育の歴史を簡単に振り返ります。戦後、大学では「外国語」は必修科目でした。その外国語科目は「補助科目」と位置づけられました。専門領域を学ぶ前の準備段階として外国語があるということです。この意味で、外国語の役割は、近い将来に専門を学ぶ上で役に立つ「道具」であったと言えるでしょう。

　また大学は「二つ以上の外国語を開設するものとする」とされたため、一般的には二つの外国語が必修科目となり、その内訳の多くは「英語ともう一つの外国語」となりました。こうして大学に進学した学生たちは、専門課程に進む前の2年間、文学部や外国語学部でなくても、所属する学部に関わらず、中学・高校で習ってきた英語をまず前提として、もう一言語、だいたいの大学ではドイツ語かフランス語、あるいはロシア語、中国語、さらにはスペイン語や朝鮮・韓国語の中から、英語の次という意味で「第二外国語」を選択したのです。

　このように日本の大学における多言語教育は、「多」と言っても大多数の学生が学ぶのは「二」言語でしかなく、しかも新たに学ぶのは「一」外国語だけという状況がずっと続いてきたのです。

　1990年代には、大学改革の流れを受け、各大学が授業科目や単位数の裁量権を持つことになり、自由化の流れが始まります。外国語科目について言えば、第二外国語が必修科目から外れたり、学習期間が短くなる大学が現れました。その一方で、高度な外国語能力を身につける改革が行われた大学もあります。たとえば1990年に開設された慶應義塾大学総合政策学部・環境情報学部では、当初は英語を含む6言語から1言語を選択して、週4回3学期にわたって学ぶインテンシブコースを必修としました。

第3章　大学で多言語を学ぶ意義　　**31**

21世紀に入ると「国際」をつけた学部や学科が増えていきます。たとえば2004年には秋田県に国際教養大学が設立されます。こうした国際系の学部では、もちろん外国語教育の位置づけが重要視されています。

3 学習内容から見た大学における外国語教育

ここでは、岩崎（2007）を参考に学習内容の観点から、大学での外国語教育の歴史を概観します。戦後の大学の外国語クラスでは「文法と訳読」が中心を占めてきました。言語学習とは文法構造の把握であり、さらには単語を辞書で引きつつ、学習言語を日本語に、日本語を学習言語に置き換えることだったのです。ここでの言語能力は、もっぱら当該言語で書かれたものを読むためでした。

しかし、やがて外国語教育の世界にも技術革新の波がやってきます。それがオーディオ・ヴィジュアルです。言語の学習活動は、主に読む・書く・聞く・話すの四技能がありますが、中でも音声を聞いたり、さらには実際の会話の場面を画像で見たりと、文字媒体ではなく音声・動画メディアを使って外国語を学ぶスタイルが、特に「初修言語＝第二外国語」教育で話題になります。日本でもこの教授スタイルの変化を受けて、やがて状況や文脈に合わせて話したり聞いたりといったやり取りを重視した「コミュニカティブ・アプローチ」の導入が始まります。また従来の文法、訳読だけではなく「会話」の授業なども設置されるようになりました。

そして現在、通信技術の発達によって私たちは世界のさまざまな情報にアクセスすることが可能になり、また直接現地に足を運ぶことも昔に比べて数段簡単になりました。

先に述べた国際系の学部・学科では、英語でなされる授業が開講されたり、留学が必修であったり、さまざまな取り組みが行われるようになっています。

4 「多言語教育」と大学が果たすべきこと

　以上見てきたように、大学における外国語教育は、時代とともに変遷しながら現在に至っています。そして近年では、とりわけグローバル、国際性といったことばのもと、外国語教育のあり方が問われています。その一方で、高校までは大多数の日本人が英語以外の外国語にほとんど触れる機会がない現状は変わっていません《➡第２章、第５章参照》。この現状に対して、大学機関はどのような役割を果たせるでしょうか。「多言語教育」という観点からは、少なくとも次の二つの役割を果たすことができるでしょう。

　一つ目は制度面での貢献です。中等教育での多言語教育の普及を妨げる要因の一つが「受験科目」です。入試における外国語が一言語である限り、どれほど多言語に興味を持っていても、高校生は一言語（圧倒的多数は英語）を選択せざるをえません。この現状を変えるために大学ができることの一つは、入試科目を多言語化することです。たとえばセンター入試では、英語のかわりにドイツ語・フランス語・中国語・韓国語での受験が可能です。

　また現状ではきわめて少ないのですが、東京大学、大阪市立大学、慶應義塾大学総合政策学部・環境情報学部では、「多言語入試」を実施しています。これは英語の入試問題の一部をそのまま英語の問題か、それ以外の外国語の問題かを自分で選択して解答ができる方式です。それによって、英語だけを勉強してきた受験生は英語だけを解答し、英語以外の言語も勉強した学生は「英語＋英語以外の言語」で解答することができます。

　二つ目は教育面での貢献です。学生に対して、文字通り「多く」の言語を学べる環境を整備することです。大学は多言語に接することのできる最初で、おそらくは最後の場所です。

　多言語を学ぶための具体的な取り組みを一つ紹介しましょう。武蔵大学では「世界の言語と文化」という科目が開講されています（Nishimura 2011）。この授業では「ドイツ語、英語、フランス語、中国語、韓国朝鮮語、日本語」の六つの言語の基礎的表現と文化を学びます。一つの言語に

第３章　大学で多言語を学ぶ意義　**33**

対して2回のみの授業ですから、もちろんごく基礎的な内容にとどまるでしょう。しかし半年間でヨーロッパ圏の言語もアジア圏の言語も含めて「多数」の言語に触れられれば、何よりも世界の多様さの発見につながります。言語や文化への目覚め・気付きの活動と言えるでしょう。

　つまりこの授業の目的は、「ネイティブスピーカーのように話せる」ことではなく、「多数の言語を行き来」することにあるのです。多様さは、言語だけではなく、その言語が話される社会や、その言語を話す人々の多様性へと広がっていきます。多言語教育は、この多様性の中で自分にとって、あるいは自分が暮らしている社会にとっての常識が、必ずしもどこでも当てはまるものではなく、世界には異なる考え方や文化が存在しているのだと実感を持って気付かせてくれるきっかけとなるのです。

5　文化を学習することと「多」の持つ意味

　外国語を学んでいれば、今述べたようにそのことばを話している人々、その人々の考え方や習慣といったものに出会います。ただしここで注意しなくてはならないことがあります。確かに外国語を学ぶことは異なった言語、文化に触れる体験にはなります。しかし、単に自分たちとは異なる文化があることを知るだけでよいのでしょうか。そもそも私たちは、何も知らないということはなく、大学に入る前の18年の間に、少なからず「知っていること」はあるはずです。ただその知識は、どこから来たのでしょうか。どれだけ実感を伴っているでしょうか。もしかしたら表面的なものにとどまっているということはないでしょうか。ここでは文化を理解する意味について考えます。

　ナイジェリアで生まれ、現在はアメリカで執筆活動をしているチママンダ・アディーチェという小説家がいます。TED（世界的規模で講演を主催している団体）で「シングルストーリーの危険性」と題した講演をしているのですが、その中でアディーチェは、大学に入るためにアメリカに渡り、ルームメイトのアメリカ人学生と最初にことばを交わしたときの、次のエピソードを紹介しています（アディーチェ 2009）。

彼女は私の「部族音楽」を聴きたがったのですが、私がマライア・キャリーのテープを見せるとがっかりしていました。彼女は私がコンロの使い方を知らないだろうと決め込んでいました。顔を合わせる前から私に同情していたというのには面食らいました。アフリカ人である私に対する彼女の標準的見解は、憐みだったのです。彼女が抱くアフリカのシングルストーリーはアフリカの悲劇でした。

（中略）

　確かにアフリカは不幸に満ちた大陸です。コンゴで続く強姦のような測り知れない悲劇、ナイジェリアでは一つの求人に五千人が応募するような気の滅入る事実。でも不幸と関係のない話はあって、それについて話すことも重要です。

　アディーチェの言うシングルストーリーとは、ある事柄について「一つしか知らない」状態です。たとえばこのアメリカ人学生のようにアフリカといえば「貧困とエイズで人が死んでいく」という知識しかないので、その知識とは異なった現実を持つ、アフリカから来た一人の学生に出会い、がっかりしたのでしょう。

　このアメリカ人学生は、アフリカについて何も知らなかったのではありません。また、学生が知っていたことは間違いではなく、確かにそういう側面もあるのです。問題は、自分の知っている知識が「不完全」なものであるにも関わらず、「ある一つ」にしか過ぎない話を「唯一」にしてしまったことです。

　シングルストーリーの文化観は、ステレオタイプを招きます。目の前の具体的な現実をしっかりと見ないで、頭の中につくりあげた「アフリカの人はこうに違いない」という固定観念を当てはめてしまいがちなのです。ここにシングルストーリーの危険性があります。

　そしてアディーチェは次のように述べます（アディーチェ 2009）。

　シングルストーリーの結果は「人間の尊厳を奪う」のです。我々人間の平等の認識を困難にします。我々の類似点よりも差異を強調しま

す。

シングルストーリーしか知らない人間は、先ほどのアメリカ人学生のように、似ている部分があっても、それを見ないで、他人を自分とは違った人間として捉えがちです。それぞれの文化が異なることは確かですが、それがエスカレートすると、たとえば日本文化はほかのどんな文化とも違う独自性を持っていて、日本人だからこそ自国の文化が理解できる、外国人には分からない、と文化を民族固有のものとみなしてしまう文化本質主義に陥ってしまいます。

だからこそ、それを是正するためにさまざまな物語を聞き、自分で知識をつくりあげていく必要があります。私たちが単なる一般的な知識で片付けず、さまざまな具体的体験を積み、異なる背景を持つ人とできる限り出会い、考察を重ねていけば、差異だけではなく類似にも気付くのです。「多」の本質は、まさに単に多様なだけではなく、多様性の中から類似性を紡ぎだしてくることなのです。

6 異文化間教育 (intercultural education)

今はグローバルの時代と言われます。そしてグローバル時代だからこそ、これまで以上の英語力の育成が大切であると言われます。このときによく耳にするのが「英語ができれば世界の多くの人とコミュニケーションできる」というものです。この発言の背景には、まず「言語は実用的な道具でなくてはならない」、「英語が話せれば世界の多くの人と意思疎通がとれる」という意識があります。うそではないでしょう。しかしこれもまたシングルストーリーでしかないのです。

それに対して「多言語教育」では、多くの言語を知ることも重要ですが、言語の実用的能力だけではなく、世界や文化の多様さを知ることもそれに劣らず重要だと考えます。そのことも含み込んで、大学での外国語教育を通して、学生のどのような能力を育成するのか、その目的をきちんと明らかにする必要があるでしょう。

大木（2014）は、外国語教育の目的を考える上で、異文化間コミュニケーション能力と異文化間能力の違いに着目します。言語を使える技能＝言語能力は、異文化間コミュニケーション能力に属する能力です。実際に相手とやり取りをするためには、実用的な言語能力が必要とされます。それに対して、異文化間能力の目的は「言語と文化の多様性を受容するため」とされています（大木 2014: 69）。ここで引用されているのが、人権と民主主義の確立のための活動をしている欧州評議会の定義です。それによれば、異文化間能力の目的は、単に多様であることを知るだけではなく、「お互いへの関心と寛容の精神を育むのに貢献をすること」とされています（大木 2014: 69）。

　「お互いへの関心」とは、社会のさまざまなあり方、一人一人の人間の置かれている複雑な境遇や人生についての価値観への関心です。「寛容」とは、自分とは異なっているからと排除するのではなく、どこか共存できる方法はないかと、難しくてもその方法がないかと探り、さらには実行してみるときの態度です。そうした精神を育むためには、多様性への気付きが大切であり、それを教えてくれるのが「多言語」の学習なのです。

7　異文化間能力育成のための授業内容と授業の目的

　では、大学ではどのような外国語教育の科目が設置され、どのような授業が具体的に構想されるべきなのでしょうか。ここではまず、教室という場所での学びと、教室の外での学びを分けて考えます。また大学生の学びのあり方として、単に教えられるだけではなく、自らが進んで体験をし、知識を求め、考えを深め、それをもとに他者と議論し、さらに考えを発展させていくことが求められるでしょう。

　体験を重視した科目としては、「海外外国語研修」や「フィールドワーク」があります。実際にことばが話されている現地に行き、たとえ短期間であっても人々の生活に触れることで、知識に実感が伴っていくことでしょう。「フィールドワーク」は、研究テーマを持って実際に現地で調査をするためのものです。この場合には、研究を遂行するだけの「言語能

力」が要求されることは確かですが、それでも大学での専門的な知識があれば、その知識が言語能力を補ってくれます。

　次に教室での活動です。これまで外国語の授業は、言語能力の育成（読み・書きであれ、聞く・話すであれ）に重点が置かれ、その目的のために教科書も作られてきました。では今後、異文化間能力の育成にも配慮した授業内容を考えるならば、外国語教育の教材は具体的にどのようなことに留意し、選択されるのが望ましいのでしょうか。

　自律学習[1]についての研究で知られるカルトン（2015）は、「学習教材は言語教育学の目的に沿って改良され、簡略化されたものではなく、複雑で多様なものが望ましい」と述べています。「複雑で多様」なのは、まさに現実の文化事象がそうだからでしょう。また複雑で多様だからこそ、私たちはそれらの複雑な現実問題について考え、また他者と意見を交換できるからでしょう。

　ここで、具体的な実践例に基づいて、教材と教室内での活動を紹介します。まず前提として「複雑で多様なもの」は、中級になってから使うものではなく、初級の段階からできることに留意したいと思います。

　以下の写真は、フランス語を学び始めて約1ヵ月後のクラスで、筆者が用いた教材です（写真1）。

写真1　カナダ・トルドー内閣閣僚写真1

（写真：ロイター／アフロ）

1　学習の目的、内容、方法などを学習者が自分で管理し、実行することを指します。

この写真を使って、どのような学習活動ができるでしょうか。まず数の練習ができます。全体の数、それから男女の数です（言語活動）。次に何の写真かクラスで相談をします。これは2015年の秋に発足したカナダのトルドー首相内閣の写真です。ここからカナダ、ケベック州ではフランス語が用いられており、フランス語圏の話へと広げることができます（文化活動）。またそれぞれの閣僚の写真や名前（写真2）から「カナダ人」であるけれど、何系なのか、国籍の言い方を学びながら、予想する活動もできます（言語活動＋文化活動）。

Navdeep Bains　　　Jean-Yves Duclos　　　Judy Foote

写真2　カナダ・トルドー内閣閣僚写真2

(写真：ロイター／アフロ)

　その上で、閣僚の数が男女同数であることの意味を考えます（文化活動）。日本では取り入れられていない方策ですが、自分はこの方策をどう考えるか、クラスでディスカッションをします。また日本における女性の社会進出の現状をグループで調べてもよいでしょう（協働学習）。さらに今回の閣僚の中には、ハンディキャップのある人、先住民の人がいることなどを示せば、社会の多様性についても議論できます。

　言語の学習をしつつも、日本とは異なる取り組みについて、お互いに話し合い、そして自分の立場を明らかにしていくことが授業の目的です。ここで改めて、写真1、写真2を使った授業を表1にまとめましょう。

表1　写真1、写真2の教材を用いて授業で行われること

教材内容	カナダ・トルドー内閣閣僚写真
言語能力	・数を言える ・国籍を言える ・存在表現（〜がいる）
知識	・フランス語圏 ・パリテ（男女同数）
ディスカッションポイント （協働学習）	・閣僚の男女同数 ・日本における女性の社会進出

　この授業では、学生は受け身のままではいられません。言語能力育成の活動においても、教師との受け答えが必須です。またカナダについての知識を得ながらも、ここで扱われている問題は別世界の問題ではまったくありません。日本社会と対比できる問題であり、また自分が社会の中で生きていく以上は、必ず直面する問題です。自分がどのような意見、見識を持つかはきわめて重要です。

　ここで学生はさまざまな他者と接触をします。一番遠くはカナダ。これは他者といっても、自らの所属する日本とは異なった国、社会です。次は教員。教員の問いかけに対して答えながら、言語技能を身につけ、知識を得ていきます。そしてクラスメイトです。このクラスメイトと意見を交わすことで、自らとは異なった考えを持つ他者に出会うかもしれません。また他者の意見を聞くことで、自分の考えを変えていくかもしれません。

　このときに大切なのが「批判能力」です。それは現状を追認したり、相手の言うことを鵜呑みにしないためです。といっても批判とは、相手が間違っていると主張することではありません。「カナダが間違っている、日本が正しい」、「クラスメイトが間違っている、自分が正しい」と正誤を問題にすることではありません。相手の意見と自分の意見を比較検討しながら、相手も自分もそれぞれの考えがより深まるにはどのような意見を言うことがお互いのためになるのか、よりよい提案を作るためにはお互いの意見のどこを取り入れるとよいのか、そうした創造的営みができることが批判能力なのです。そのためには繰り返しになりますが、「多」様な考え方に触れ、「多」様な世界を知ることが大前提となるのです。

このようなさまざまな活動を行うとき、学生の中には、さまざまな新しい能力が生まれ、新しい考え方が生まれていくでしょう。異文化間能力教育で最終的に大切になるのは、他者との接触によって、自分を更新していくこと、自己変容をしていくことです。これこそが異文化間能力教育の醍醐味なのです。

8 おわりに

　ここまで大学における多言語教育の重要性について考えてきました。英語だけではなくほかの外国語も勉強することが、世界の多様性に目を開かせ、違いと類似性をたえず意識しながら、この社会を観察し、自分の考え方を客観化することにつながると指摘しました。最終的に、「考える」とは、この現実社会を自明のものとして無反省に受け入れるのではなく、批判の視座を獲得し、自分がどう判断し、行動するのか、それを他者とともに考えていくということを意味します。こうした思考を促してくれるのが、異文化間教育の持つ魅力でしょう。もしこれからの教育が、よりいっそう他者との関係を築きながら、自律的に振る舞える人間の育成を目的とするならば、それはある一部のエリートだけがすればよいのではなく、あらゆる教育現場で、あらゆる人々が学ぶべきことでしょう。

　目の前にいる他者をステレオタイプで判断するのではなく、対話を重ねることで、差異と共通性を見出し、一人の人格として接するとともに、自分の中に多様なストーリーを住まわせることによって、自分自身をも変容させていくこと。多言語教育が目指すのは、まさにこの他者受容と自己変容にあるのです。この能力こそ、大学を出て、社会へ、世界へと一歩を踏み出すときに必要になる能力なのです。

ディスカッション・ポイント

1　大学生が複数の言語を学ぶことによって育成されうる能力には、どのようなものがあるでしょうか。

第3章　大学で多言語を学ぶ意義　41

② 英語以外の外国語を選び、その外国語を学ぶときに、文化的側面を含み込んだ教材として、どのようなものが具体的に想定できるか相談しましょう。

③ 大学での外国語カリキュラムを考えてみましょう。学部を決めて、どの言語を提供するか、必修にするか選択にするか、どのような教科書や授業が望ましいか、デザインしてみましょう。

参考文献

アディーチェ，C. N.（2009）「シングルストーリーの危険性」TED <https://www.ted.com/talks/chimamanda_adichie_the_danger_of_a_single_story?language=ja#t-1109093>（2017 年 8 月 25 日閲覧）

岩崎克己（2007）「日本の大学における初修外国語の現状と改革のための一試案——主に、ドイツ語教育を例にして」『広島外国語教育研究』10, 57-83.

大木充（2014）「グローバル人材育成政策と大学人の良識」西山教行・平畑奈美（編）『「グローバル人材」再考——言語と教育から日本の国際化を考える』くろしお出版，pp. 48-79.

カルトン，F.（2015）「異文化間教育とは何か」西山教行・細川英雄・大木充（編）『異文化間教育とは何か——グローバル人材育成のために』くろしお出版，pp. 9-22.

Nishimura J.（2011）Essai sur l'enseignement multilingue et multiculturel à l'université Musashi, *Revue japonaise du didactique du français*, 6(1), 146-153.（論文冒頭に日本語の要約あり）

第4章

多言語教育における放送メディアの役割

鎌倉千秋・平高史也

> みなさんは外国語をどのように勉強していますか。学校の授業以外だと、会話学校や勤め先での研修、インターネットの講座などでしょうか。テレビやラジオで外国語を勉強したことのある人も少なくないと思います。こうした番組の制作には、どのような背景があるのでしょうか。ここでは、主にラジオ講座の歴史的な変遷や現状を踏まえて、多言語主義社会に向けて放送メディアが果たす役割を考えましょう。

1 はじめに

　現在、日本放送協会（以下、NHK）では、テレビとラジオで英語、中国語、ハングル、イタリア語、ドイツ語、フランス語、スペイン語、ロシア語、アラビア語の講座を放送しています。これにテレビでは日本語、ラジオではポルトガル語が加わります。ラジオ番組の多くはストリーミングにも対応しています。これほど多くの言語の学習番組を提供している放送局は、世界でも少ないのではないかと思います。

　この章では、語学講座の放送が開講された社会背景や多言語教育におけるメディアの役割を通して、言語と社会の関係を探っていきましょう。

2 戦前のラジオ講座の歴史

2.1 草創期のラジオ講座

日本でラジオ放送が始まったのは 1925（大正 14）年 3 月のことでした。そして、すでにその 4 ヵ月後には語学講座が開始されています。

最初に開講されたのは英語で、1925（大正 14）年 7 月 20 日、東京放送局から英語講座が放送されています。初日の講師は、明治・大正・昭和期の英語教育の中心的な人物であった岡倉由三郎（『茶の本』の著者、岡倉天心の弟）でした。この講座は「夏休みに入った中学生を主な対象に据えた、夏期限定の特別番組として制作され」ました（山口 2001: 37）。

続いて、大阪放送局が同じ年の 9 月 15 日に、名古屋放送局が 12 月 10 日に英語講座を始めています。これら三つの放送局が翌 1926（大正 15）年に合併して、NHK が設立されます。英語に続いて、ドイツ語とフランス語の夏期講座が始まったのも 1926（大正 15）年です。

ところで、1929（昭和 4）年 8 月から 9 月にかけて 1 ヵ月開講された『初等独逸語講座』のテキストの表紙には広島放送局とあり、発行者が日本放送協会中国支部となっています。つまり、このドイツ語講座は広島放送局が制作したか、あるいは何らかの形で制作に加わったことが分かるのですが、ラジオ創成期、語学番組は東京と地方局との間でどのように制作されていたのでしょうか。

村上（2017）は、1926（大正 15）年に NHK が発足した後も地方局の独立性は高かったとして、次のように述べています。

> この時期、各放送局は一日に平均 8 時間前後の放送を行っていたが、東京や大阪といった大都市以外の放送局でも、半分程度は自局編成の番組だった。（中略）1930 年代初頭は、ラジオは全国メディアとしての機能を整えつつも、その地域性はそののちに比べて強かった。

1928（昭和 3）年に開局した広島放送局の資料をひもとくと、語学放送が含まれる「教養放送」は、当初一日平均 1 時間 33 分だったのが、1929

（昭和 4）年には 2 時間 40 分へ、1930（昭和 5）年には国語、外国語等の補習教育講座を拡充したことが記され、1935（昭和 10）年には 3 時間 50 分へ激増したと書かれています（廣島中央放送局編 1940: 193）。また、日本放送協会中国支部は、1929（昭和 4）年には『初等英語講座』、1930（昭和 5）年には『上級英語講座』『ドイツ語講座』など、語学講座のテキストも刊行しています。今では地方局が独自に語学講座を制作することはありませんが、ラジオ創成期、各局が競い合って特色ある放送を出そうとする中、語学番組もそれぞれ地方局が独自で制作していたのです。

そして、1931（昭和 6）年に NHK ラジオの第 2 放送が始まると、放送時間が拡大し、語学講座は放送時間も言語の種類も増えていきます。

表 1　戦前の語学放送

講座開始	言語	付記
1925 年	英語	7/20 から 6 週間の夏期限定講座。その後レベル別、会話、英文学、フレイズ研究などの講座も放送。
1926 年	ドイツ語フランス語	7/19 からドイツ語、フランス語同時に開始。
1927 年	エスペラント語	12/13 から 1 回目。翌年 12/10 から 2 回目放送後、終了。
1931 年	中国語	2/2 から「語学講座支那語」。翌年 4 月「満洲語講座」も開始。どちらも中国語。
1933 年	ポルトガル語	7/25 から 9/9 の夏期講座で 1 回だけの放送。講座名は「ブラジル語」。

（『ラヂオ年鑑』などをもとに鎌倉調査作成）

2.2 当時の聴取者

ところで、当時、どんな人たちが語学講座を聴いていたのでしょうか。「各種の調査によって知るところに依れば、中等学校生徒、専門学校学生、教師、軍人、勤人、商人、婦人」（『昭和七年ラヂオ年鑑』p. 337）とあり、学生やさまざまな職業の人に聴かれていました。ただし、この頃のラジオの普及率は、それほど高くありませんでした。村上（2017）によれば、1920 年代にすでに新聞雑誌は全国メディアとなっていて、特に雑誌

第 4 章　多言語教育における放送メディアの役割　**45**

は100万部を売り上げるものも登場していました。それに比べると、ラジオは東京など大都市ではある程度普及していたものの、1931年度末の普及率は全国平均6.1%で、まだそれほど影響力の強いメディアにはなっていませんでした。1930年前後のラジオの語学講座はまだ誰もが手軽に学ぶ環境にはなかったということが分かります。

図1 『エスペラント講座』のテキスト（1932年）

（NHK放送博物館所蔵）

　昭和に入って間もなく、エスペラント語の講座が始まります。日本におけるエスペラント運動は、明治後半に芽生え、その後消長を繰り返しますが、第一次世界大戦期からまた盛んになります。初芝（1998）によれば、最初のエスペラント語のラジオ講座は1926（大正15）年8月に大連放送局から週2回、3ヵ月間放送されました。その後、名古屋放送局の開講を経て、1927（昭和2）年12月に東京中央放送局から12日間、1日40分の講座が放送されました。このときは開講日までにテキスト15,000部が売り切れ、英語、ドイツ語、フランス語よりも売り上げ部数が多かったといいます。1932（昭和7）年に日本放送協会と逓信省が合同で行った『第一回全國ラヂオ調査』の結果でも、「種目範囲拡張」の希望者数が最も多かったのがエスペラント語（224）で、ロシア語（45）、英語会話（20）、

スペイン語（6）、イタリア語（4）を大きく引き離しています（逓信省・日本放送協会 1934）。

2.3 国策としてのラジオ講座

　放送における語学講座の当初の目的は、教養を高めることでした。しかし、時代とともにラジオが、「外には正義にたつ日本の国策を明示し、国内的には国民の覚悟と奮起とを促して、世論の方向を指示する」という当時の社会情勢に関わる宣伝の役割を担うようになると、語学講座にも影響が現れるようになります（『20 世紀放送史（上）』p. 74）。

　中国語講座は、1931（昭和 6）年 2 月 2 日、「語学講座支那語」という名称で始まりました。この年の 9 月には満州事変が、翌 32 年には上海事変が起こり、満州国が建国されました。1933（昭和 8）年には、日本は満州国の承認をめぐり国際社会と対立し、国際連盟を脱退しています。さらに 1937（昭和 12）年に日中戦争に突入するなど、日本と中国大陸を取り巻く情勢は大きく変化していきます。大規模な移民政策も始まります。

　支那語講座開設の背景を本間（2011）は次のように分析しています。

　　「支那語講座」開設の背景には、「中国大陸に渡った人々だけでなく、日本国内の人々にとっても支那語が重要になった」ことがあるというのである。（中略）日中戦争時に政府は、むしろ国策として支那語習得を国民に奨励していた。なぜなら日本が中国大陸に進出し、満州国の経営を本格化する上でも、戦場で戦争を有利に進め、占領地において宣伝工作をするためにも、支那語は必要不可欠な言葉であったからである。実際に戦時下では、中国大陸に数百万人の日本人がいて軍事・外交・貿易面で中国語習得の必要に迫られており、国内では大陸への出征を控える若者たちもいた。こうした多様なニーズを背景に「支那語講座」は誕生したのであった。

　実際、官民ともに中国語へのニーズは高く、1932（昭和 7）年に大阪中央放送局が聴取者にハガキで、「希望講座」を募ったところ、5193 通の

うち最も多かったのが「支那語」（1121 通）でした（『昭和七年ラヂオ年鑑』p. 349）。

　1932（昭和 7）年、満州国が建国された年には、名古屋放送局で「満洲語講座」が放送されます。そのときの放送には「毎週 3 回宛、三十回に亘って名古屋高商教授石橋哲爾氏に依る満洲語講座を開設したが時宜を得たものとして江湖に歓迎せられた」と記録されています（『昭和八年ラヂオ年鑑』「時局とラヂオ」）。満洲語の内容は支那語と同じ、つまり中国語でした。この時期、中国語の講座としては「支那語」と「満洲語」が併存しています。それも当時の時局に関わる国策や宣伝と無縁ではありませんでした。『昭和八年ラヂオ年鑑』の「業績大観…時局とラヂオ」には、「此の一ヶ年のラヂオの講演、講座は挙げて對時局問題に集中されてゐたと云つても過言ではない」と総括されています。

　『昭和十一年ラヂオ年鑑』の「外地及海外欄」には、満洲語講座について「在満日本人の切実な満洲語習得の要求に應じ、古くより開講せるものであるが、（中略）好評を博し、現在教養放送中の王座を占めてゐる」と報告されています。

　日本放送協会東海支部から発行されたテキスト『満洲語講座』の序文には、次のように記されています。

　　　　最近満洲国が独立しましたが、元の清朝の宣統帝溥儀氏がこの国の元首の地位に就かれたところから見ると、その国語はやはり清朝時代北京で洗練され発達した北京音であることは民国と同様従来と変化ないものと信じます。

　このように、現在一般に「中国語」と言われている言語が独立したばかりの満州国の言語であることを視聴者に伝えています。また、この講座は、

　　　　将来満蒙の天地に活動せんとする方々は、どうしてもこの新興国の国語を習得されて然る後彼地に行くということは万事好都合で又然せねばならぬことと信じます。

とあるように、満州国に移住しようとしている人をも対象としていました。昭和の恐慌で苦しい生活を強いられていた地方の農民の移住志向と、満蒙開拓団、満蒙開拓移民などと称して満州への移住を進めようとしていた国策が合致して、1931年から1945年までに入植した人たちは約27万にのぼると言われています。満洲語講座の放送もそうした事情と関係があるのでしょう。

　同じように、移住者を主たる対象として1933（昭和8）年の夏に放送されたのがポルトガル語講座です。当時のテキストの書名は『ブラジル語移民の為の語学講座』となっています。「ポルトガル語」ではなく「ブラジル語」であり、「移民の為の語学講座」という副題がつけられている点が特徴的です。テキストにはブラジル移民が乗る船の写真も掲載されています。

図2　『ブラジル語　移民の為の語学講座』のテキスト（1933年）
（NHK放送博物館所蔵）

　次の図3は、戦前のブラジル向け日本人移民数の推移を示したものです。これを見ると、1930年前後から移民の数が急増していることが分かります。ブラジル語のラジオ講座もこうした社会背景があって開講されたものであり、またラジオ講座が移民の背中を押したという面もあるでしょう。

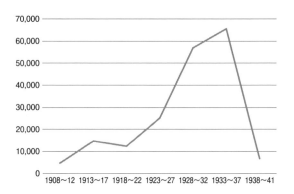

図3　戦前のブラジル向け日本人移民数の推移

(工藤ほか（2009: 36）をもとに平高作成)

　なお、忘れてはならないのは、語学講座が当時の植民地でも放送されていたということです。上田（2006）によれば、植民地朝鮮では1927（昭和2）年2月にラジオ放送が始まると、4月には英語講座が放送されています。その後、エスペラント語、朝鮮語、支那語、フランス語、ドイツ語、満洲語の順に講座が開始され、1936（昭和11）年には国語（日本語）も加わりました。ただし、1937（昭和12）年のラジオの普及率は日本人世帯の34％に対して、朝鮮人世帯は0.5％だったと言います。

　語学講座は太平洋戦争で一度休止になります。1940（昭和15）年9月にはフランス語、1941（昭和16）年11月末に中国語とドイツ語が休止したと記録されています。英語講座については、真珠湾攻撃の日まで放送があったという説もあります。宇佐美（1980）は、当時英語講座の講師だった堀英四郎の遺品のメモの中に、「昭和十六年十二月八日午前六時半の放送を終り．ニュース放送の時，大東亜戦開戦の知らせあり，之を最後として放送を閉ぢたり」とあるのを見つけ、12月8日も放送があったのではないかと推測しています。しかし、語学講座の第2放送の番組確定表等の放送記録は、12月1日以降残っておらず、12月8日についても現存するものは第1放送のみのため、確認はできません。第2放送の休止は12月8日であり（『20世紀放送史（上）』p. 150）、開戦当日は午前

7時に臨時ニュースに切り替わっています。当日の朝6時半から第2放送で「英語講座」が放送されたかどうかについては、今後のさらなる検証が期待されます。

3 戦後の語学講座

　戦後はすでに1945（昭和20）年9月に「英語講座」が再開されています。そして、翌年2月に「英語会話教室」が放送されます。この講座は「証城寺の狸」のメロディーにのせて、"Come, come, everybody. How do you do, and how are you?..." と歌われるテーマソングで有名になり、戦後の英語ブームの一翼を担いました。

　英語に続いて、ドイツ語、フランス語、中国語などの講座も次々に再開されますが、韓国朝鮮語の講座はなかなか実現しませんでした。それは、朝鮮半島が戦後南北に分断されて二つの国家が生まれたからです。1965（昭和40）年に日韓基本条約が結ばれ、韓国との間には外交関係が樹立しましたが、北朝鮮との間には国交がなく、また日本に暮らす朝鮮半島の人たちの間でも、標準とすることばや番組の題名をめぐって意見の相違がありました（古田1999）。長く開講を望む声が多かったにも関わらず、実現に至らなかったのは、講座の名称をめぐって、北朝鮮が「朝鮮語」、韓国が「韓国語」という言語名を譲らなかったからだと言われています。結局、「アンニョンハシムニカ〜ハングル講座〜」に落ち着き、1984（昭和59）年4月から放送されるようになりました。4月号のテキストの序文にあたる「この講座を利用される皆様へ」には「ながらくお待ちいただいた「アンニョンハシムニカ〜ハングル講座〜」が開講のはこびとなりました」という一文が入っています。語学講座としては11年ぶりの新しい言語ということもあって、初年度のテキスト販売部数は先行のドイツ語、フランス語に匹敵するほどだったということです（古田1999）。一方、この年の6月に行われたハングル講座利用者のアンケート調査によれば、利用者が関東甲信越とともに近畿地方に集中していること、中年層に多いこと、学習動機として地縁、血縁的なつながりをあげた人たちがいたことなど、ハ

第4章　多言語教育における放送メディアの役割　**51**

ングル講座の利用者がほかの欧米系言語と違った実態があることが指摘されています（宇佐美 1985）。

表 2　戦後の語学番組

年度	ラジオ	テレビ（※以外教育テレビ）
1945	英語	
1952	ドイツ語、フランス語	
1953	中国語	
1956	ロシア語、スペイン語	
1956	イタリア語（短期講座）	
1959		英語
1960	イタリア語（短期講座）	ドイツ語、フランス語
1967		中国語、スペイン語
1973		ロシア語
1984	ハングル	ハングル
1988		日本語講座（※衛星第一）
1990	イタリア語（定時化）	イタリア語
1991		スタンダード日本語講座
1992		ポルトガル語（短期講座）
1999	ポルトガル語（短期講座）	
2003	アラビア語（定時化）	アラビア語（短期講座）
2004		アラビア語（定時化）
2008	ポルトガル語（定時化）	

（宇佐美（1980）、『NHK 年鑑』（1954-2016）、『20 世紀放送史』をもとに鎌倉作成）

　1990（平成 2）年にいわゆる入管法が改正されて、日系 3 世までの就労が認められるようになり、それまで 5 万人余だった在日ブラジル人が急増し、2005 年には 30 万を超えるようになります。こうしてポルトガル語の必要性が高まったため、ポルトガル語講座は 1992（平成 4）年にテレビで短期集中講座が放送されました。語学講座自体は短期放送でしたが、1995（平成 7）年からは、ラジオ第 2 で在日ブラジル人向けの「ポルトガル語ニュース」が始まり、現在も毎日夕方に放送されています。その後、1999（平成 11）年にラジオ第 2 で短期講座として「はじめてのポ

ルトガル語講座」が放送され、しばらく短期集中講座という形で断続的に放送が続きます。そして 2008（平成 20）年からは定時放送されるようになります。2016 年前期はリオ五輪を意識して、「ポルトガル語入門——リオデジャネイロ　夢の日々」という新講座が放送されました。

　これらは、日本からブラジルへという戦前の移住とは逆の人の流れを受けて講座が導入されたことになります。在日ブラジル人の数はその後2007 年をピークとして減り続けてはいますが、ポルトガル語講座は国内のブラジル人コミュニティとの交流などで需要があり、また、リオデジャネイロ・オリンピックによるブラジルへの関心もあって、現在でも開講されています。2007 年のテキストのタイトル『くらしで使えるポルトガル語——ブラジル人と話そう！』にも現れていますが、そもそも外国語というものが対外的な目的や海外で使用されるだけではなく、国内にもニーズがあることを示している例だと言えるでしょう。

　1953（昭和 28）年にテレビ放送が開始され、1959（昭和 34）年からは教育テレビが始まると、外国語の講座はテレビでも放送されるようになります。当時は、1964（昭和 39）年に東京オリンピックの開催、IMF（国際通貨基金）8 条国移行に伴い、海外渡航制限の緩和で外貨の海外持ち出しが原則的に自由化し、同時に海外観光旅行も自由化したことや、1970（昭和 45）年の大阪万博の開催など、日本と海外との接点が増えていく中、語学講座の放送も拡充していきました（古田 1999）。また 1991年度には在日外国人が 100 万人を超える時代に入ったのに合わせ、日本語講座「スタンダード日本語」が教育テレビに新設されました。ラジオとは異なり、実際に外国語を話している様子や、海外の町や人々の暮らしを見せることができるテレビ講座は、その後、どちらかと言うと視聴者の外国語学習への動機づけや関心を高めるための手段として活用されていくことになります。

　ここ数年は、語学講座でもインターネット、マルチメディアによる双方向学習が進んでいます。2008（平成 20）年には音声ストリーミングを利用して自由にどこでも聞けるようになり、また教育テレビでは、生放送と携帯電話とを連携させる双方向番組も放送されました（「生放送"考試"

ケータイ的中国語～リスニング真剣勝負！～」）。現在では、テキストも電子化されています。2016年現在、自分の学習履歴や発音判定をするアプリなどが提供されているNHKの語学番組のWebサイト「NHKゴガク」には、100万人以上の会員が登録しています（『NHK年鑑2016』）。

　この章では、NHKの講座を中心に述べてきましたが、見落としてはならないのは、札幌テレビ放送（STV）によるアイヌ語のラジオ講座です。この放送はいわゆるアイヌ文化振興法が成立した1997（平成9）年の翌年に始まりました。開設当初はテキストも紙版でしたが、現在では番組もテキストもWebサイトからダウンロードできるようになっています。ユネスコの危機に瀕する言語のリストでも深刻な消滅の危機に瀕しているとされるアイヌ語の講座は、アイヌ文化の維持や振興にも役立つものです。

4 おわりに

　このように、ラジオやテレビの語学講座は日本の多言語教育の重要な一角を担ってきました。そして、語学講座の開講には、教養番組としてのニーズに応えるばかりでなく、戦争に突き進む戦前の政治状況や日本から（および日本へ）の移住、外向き、内向き両面の国際化の進展など、さまざまな社会の動きが色濃く反映していることが分かりました。今後も語学講座は日本や世界の情勢の影響を受けることでしょう。また、場合によっては、新たな言語の講座が開講されるかもしれません。

　語学講座は、ラジオもテレビも視聴率の高い人気番組ではありません。しかし、英語以外の外国語を学習する機会がほぼ大学に限られている日本社会では、年齢に関係なく、誰でもそれほどコストをかけずに学べる語学講座の持つ意義はとても大きいと言えます。それに、インターネットが発達した今日では、いつでも、どこでも、都合のいい時間、場所で、手軽に学習することができます。何歳になっても始めることができますし、一度辞めても再開できます。また、繰り返し学ぶこともできます。そうした意味では、生涯学習の機会としても貴重です。語学講座は多言語主義社会に向けた動きにも、多様な人間の育成にも貢献していると言えるでしょう。

> **ディスカッション・ポイント**

1. 戦前から戦後にかけて NHK が開講してきた語学講座の放送は、日本社会でどのような役割を果たしてきたと思いますか。

2. もし、あなたが語学放送を編成できる立場にあったら、どのような言語や講座を新たに加えますか。また、それはなぜですか。

3. テレビやラジオなどのメディアによる言語学習は、今後どのようになっていくと思いますか。

参考文献

上田崇仁（2006）「朝鮮でラジオは何を教えたのか――ラジオを利用した「国語」教育」貴志俊彦・川島真・孫安石（編）『戦争・ラジオ・記憶』勉誠出版, pp. 180-197.

宇佐美昇三（1980）「英語教育番組略史――大正 14 年から昭和 54 年まで」『NHK 放送文化研究年報』25, 339-426.

宇佐美昇三（1985）「アンニョンハシムニカの反響――ハングル講座利用者のアンケートから」『放送研究と調査』35(2), 8-27.

工藤真由美・森幸一・山東功・李吉鎔・中東靖恵（2009）『ブラジル日系・沖縄系移民社会における言語接触』ひつじ書房

逓信省・日本放送協会（1934）『第一回全國ラヂオ調査報告』国立国会図書館デジタルコレクション <http://dl.ndl.go.jp/info:ndljp/pid/1132172>（2017 年 1 月 10 日閲覧）

日本放送協会（編）(1931-1940)『ラヂオ年鑑』誠文堂

日本放送協会（編）(1954-2016)『NHK 年鑑』NHK 出版（旧日本放送出版協会）

日本放送協会（編）(2001)『20 世紀放送史』（上）（下）日本放送出版協会

初芝武美（1998）『日本エスペラント運動史』日本エスペラント学会

廣島中央放送局（編）(1940)『廣島中央放送局開局十年史』廣島中央放送局

古田尚輝（1999）「「技能講座」から「趣味講座」へ――教育テレビ 40 年生涯学習番組の変遷」『放送研究と調査』49(11), 40-71.

本間理絵（2011）「日中戦争時のラジオテキスト『支那語講座』に関する考察」『出版研究』42, 105-122.

村上聖一（2017）「放送の「地域性」の形成過程――ラジオ時代の地域放送の分析」『放送研究と調査』67(1), 28-47.

山口誠（2001）『英語講座の誕生――メディアと教養が出会う近代日本』講談社

第5章

複言語・多言語教育推進への道
日本外国語教育推進機構 JACTFL の設立

山崎吉朗

　「小学校の英語が教科になる」。2016年8月に公表された次期学習指導要領のまとめ案に関して、多くのマスコミがこのように報じました。しかし、この報道は不正確です。正式に決まった2016年12月の学習指導要領答申【概要】[1]には、「全ての領域をバランスよく育む教科型の外国語教育を、高学年から導入することとする」（以上、下線筆者）と記されています。「英語」ではなく、「外国語」が教科となるのです。外国語＝英語という誤解を解くとともに、英語"しか"学んでいない現状をどのように変革していくか、その可能性はあるのかを考えるのが、この章の目的です。

1 　はじめに

　そもそも高等学校以下の教育を規定している学習指導要領には、「英語」という「教科」はありません。教科名は「外国語」です。その一つの「科目」が「英語」です。学習指導要領の「外国語」の冒頭に「原則として英語」という文言は入っているものの、あくまで「原則」であって、必須ではありません。日本の教育を受けた生徒は全員、数学や国語を学習することが義務づけられているのに対し、英語は義務ではありません。「英語」

1　文部科学省（2016: 15）参照。

ではなく、「外国語」をすべての児童、生徒が学ばなければいけないというのが正確な言い方です。「英語」が必須でないわけですから、「英語以外の外国語」を学ぶことは可能です。しかし、この本を読んでいるみなさんの大半は大学に入るまで英語しか学んでこなかったでしょう。大学に入っても、英語しか学ばなかった人も多いかもしれません。

日本全国の高校では、中国語（17,210 人）、韓国・朝鮮語（11,137 人）、フランス語（7,912 人）、ドイツ語（3,542 人）を学んでいる生徒たちがおり、そのほかの言語も合わせると英語以外の外国語を学んでいる生徒は延べ 44,539 人になります[2]。平成 27 年度の高校生全体の数は約 332 万人[3]なので、単純計算して 1.3％に過ぎませんが、英語以外の外国語を学んでいる高校生たちがおり、機会さえあればもっと多くの生徒たちが学びたいと思っていると推測されます。現在、国は小学校からの外国語導入に躍起となっており、短時間学習というこれまでなかったような方法で、高学年では週 2 時間の授業数を確保しようとしています。これは外国語は早くから学んだほうがよいという考えに基づいていると思われます。英語以外の外国語も、大学より高等学校以下で学び始めたほうがよいのは同様です。

せっかく国が「英語以外の外国語」の学習を「可能に」しているのに、それを活用できない状況を改善するためには、英語や日本語も含めたさまざまな言語の関係者が連携する必要があります。そこで設立されたのが、一般社団法人日本外国語教育推進機構 JACTFL（Japan Council on the Teaching of Foreign Languages, 以下 JACTFL）です。

しかし、その道のりは簡単ではありませんでした。その茨の道と、ようやくたどり着いた成果の一例を最初にご紹介します。

もう 20 年前になります。日本フランス語フランス文学会（以下、仏文学会）の春季大会で、中等教育におけるフランス語教育のシンポジウムが企画されたことがありました。私もそこに関わり、準備段階で文部省（現文部科学省）の方を呼んで、国の外国語政策の話を伺いました。最後に、

2　文部科学省「平成 27 年度高等学校等における国際交流等の状況について」<http://www.mext.go.jp/a_menu/koutou/ryugaku/koukousei/1323946.htm>（2017 年 9 月 4 日閲覧）

3　文部科学省「平成 27 年度学校基本調査」

どのようにしたら英語以外の外国語を全国の中高生に学ばせることができるのだろうかと質問したところ、一つは世論が望むこと、一つは文部大臣の指示だという回答でした。世論に訴えるにはどうすればいいのだろうか？ マスコミを動かすことだろうか？ 中高で英語以外を学んだ卒業生が文部大臣になればいいのだろうか？ など、その場では具体的な解決策は見つからず、世論と文部大臣ということばだけが記憶に残りました。結果的にこの企画は実現しませんでした。時期尚早だったのでしょう。

　その仏文学会から、昨年（2016 年）6 月、中等教育における多言語教育の要望書を文部科学省（以下、文科省）に提出しました（山崎 2015, 2016）。提出先の筆頭は当時の文部科学大臣です。20 年前のキーワード「文部大臣」宛に要望書を提出し、次の 4 項目を要望しました。

　　一、学習指導要領の科目としての、英語以外の外国語の存続のための
　　　　配慮。
　　一、大学入学希望者学力評価テスト（仮称）における多言語選択（最
　　　　低でも現行のフランス語、ドイツ語、中国語、韓国語の 4 言語）
　　　　の実施。
　　一、高等学校基礎学力テスト（仮称）における多言語選択の検討。
　　一、新しい入試制度を審議する際の多言語への配慮。

　20 年前にはシンポジウムで扱えなかった中等教育のフランス語について、同じ学会が要望書を提出したのは隔世の感があります。20 年かかりましたが、諦めてはいけない、そんな思いでした。

2　JACTFL とは

　2012 年 12 月 3 日に産声をあげた JACTFL は、設立の目的を定款第 3 条に次のように記しています。

　　当法人は、あらゆる言語、教育段階の垣根を超えて外国語教育関係

者が連携・協力して、多言語多文化が共生するグローバル社会に対応する多様な外国語教育を推進することを通じて、我が国における外国語教育及び外国語学習の質的向上と普及を図るとともに、21世紀を生き抜く若い世代の育成と我が国の学術振興及び諸外国との相互理解に寄与することを目的とする。

「あらゆる言語、教育段階の垣根を超えて外国語教育関係者が連携・協力」という組織は、それまでありませんでした。研究発表の場だけでなく、「連携・協力」を目的としたのです。

そのための事業として、第4条に次の6項目を掲げています。

（1）多様な外国語教育関係者や諸団体との連携・協力
（2）多様な外国語教育に関する啓蒙と提言
（3）多様な外国語教育に関する研究・調査・研修
（4）多様な外国語教育に関する環境整備
（5）多様な外国語教育に関する研究誌・報告書・資料等の刊行
（6）その他当法人の目的を達成するために必要な事業

事業の最初にも、「多様な外国語教育関係者や諸団体との連携・協力」を掲げています。それぞれの言語や団体には共通するところも異なっているところもあります。一つ言えることは、それぞれが単独で活動していても大きな力にはならないし、（2）の「提言」をしても国の政策を動かす力はないということです。それを束ねて大きな力にするのがJACTFL設立の最大の目的です。

そのための活動の柱について、二つ説明しておきます。シンポジウムの開催と、研究会誌の発行です。

まず一つ目のシンポジウムは、上智大学国際言語情報研究所（SOLIFIC）との共催で2013年から実施しており、毎回、200名前後の参加者を集めています。少しでも連携を強めるということで、このシンポジウムはJACTFLの活動の中心に位置しています。文科省、外務省、東京都教育

第5章　複言語・多言語教育推進への道　**59**

委員会の後援名義の許可を頂いています。

シンポジウムのタイトルはいずれも「外国語教育の未来（あす）を拓く」で、副題をつけています。それぞれの副題と開催時期は、以下のとおりです。

第1回　多様な言語・現場の英知をつないで
　　　　日時：2013年3月2日（土）
第2回　グローバル時代を生き抜くための外国語教育
　　　　日時：2014年3月1日（土）
第3回　いまこそ外国語教育の多様化を進めよう
　　　　日時：2015年3月8日（日）
第4回　多様な外国語教育の価値を発見する
　　　　日時：2016年3月13日（日）
第5回　つながり始めた多言語・複言語教育
　　　　日時：2017年3月11日（日）

「多様」がキーワードで、第2回目の「グローバル時代」も、「グローバル＝英語」という誤ったグローバルではなく、世界全体という「多様」です。さらに、第5回目は、4回実施してきた成果を踏まえて、「多言語・複言語教育」、さらには「つながり始めた」を副題に掲げました。これは後述の文科省の政策変化を受けてのものです。

もう一つの柱は、年刊の研究会誌です。第1号から第4号までで扱っている言語は表1のようになっています。

表1　研究会誌でとりあげられた言語[4]

	全	独	仏	中	韓	日	露	西	英	他
第1号	2		1	1	1		1	1		
第2号	4	1		1	1	1	3			1
第3号	7	1				1				
第4号	3	1	2	1	1		1	1	1	2

4　「全」は多言語、「他」はエスペラント語、ベラルーシ語、琉球語。

これは事業の「(5) 多様な外国語教育に関する研究誌・報告書・資料等の刊行」に該当し、同時に（1）から（3）までを実現する手段としています。JACTFL の Web サイトに目次を掲載しています。

3 JACTFL への道のり

　私自身、1980 年に中等教育でフランス語を教え始めて以降、前述の仏文学会をはじめ、さまざまなところで中等教育における英語以外の外国語教育の現状や重要性、問題点について発表し、訴えてきました。一例ですが、昨年 30 周年を迎えた Journée pédagogique（フランス語教授法研究会、当初はフランス大使館と獨協大学の共催）では、主催者から依頼されて第 1 回目（1987 年）に「中学、高校でのフランス語教育の問題点」という発表を行いました。その後、研究発表を繰り返し、論文を発表してきました。学会活動も積極的に行い、フランス語教育の世界大会にも参加し、1996 年の東京での世界大会には実行委員として活動しました。

　このような地道な活動に加え、ものごとが動くときには大きなステップが必要です。私の場合は次の三つのステップでした。

　一つ目は、2006 年に在職していた学校を辞して、現在所属している一般財団法人日本私学教育研究所（以下、研究所）に移ったことです。異動してすぐの 2006 年度、2007 年度の 2 年間、研究所が文科省の補助金を得て作成している調査資料集の作成を任され、『中等教育における英語以外の語学教育（調査資料集 243)』、『キャリアデザインにつながる多言語教育（調査資料集 244)』を作成しました。研究論文や実践報告、英語以外の外国語を学習している教員や卒業生の声など、多岐にわたる内容でまとめました。

　このときの執筆者を中心に「多言語教育研究会」を作りました。これが二つ目のステップです。研究所の助成も受けて、それ以降ほぼ 2 ヵ月に一度、研究会を開催しています。フランス語、ドイツ語、ロシア語、韓国語等が専門の大学、高校の教員 6 名で始め、英語も含めた外国語教育全般について毎回議論を交わして 10 年以上が過ぎ、現在 20 名以上が所属し

第 5 章　複言語・多言語教育推進への道　　**61**

ています。言語もスペイン語や中国語、エスペラント語、日本語など、さらに広がっています。英語以外の外国語を扱う研究発表やシンポジウムやセミナーなどが各所で開かれていますが、ほぼすべてに研究会のメンバーが関わっています。いささか横柄な言い方をすると、研究会のメンバーが関わらずにそのような会合は開かれないと言えるでしょう。メンバー個人だけでなく、それぞれが持っているネットワークが必要とされるのです。2011 年には『多言語・複言語教育研究』（一般財団法人日本私学教育研究所）という研究会誌を発行し、それが現在の JACTFL 研究会誌につながっています。

　活動が 6 年続いた 2012 年には、この研究会を発展させて国や団体からの助成金申請もできる NPO 法人を設立したらどうかと思い始めていました。検索したところ、複言語教育研究所という名称はまだ登録されていないことも分かりました。名前だけ決め、どのような準備が必要か調べ始めたところで、JACTFL 設立につながる大きな転機が訪れました。三つ目のステップです。

　それが 2012 年 3 月 3 日に開かれた、公益財団法人国際文化フォーラム（以下、フォーラム）のシンポジウム「未来を生きぬくための外国語教育に挑む──つながりを実現するアクションプラン」です。中心になっている事務局の人たちは、前述の研究会のメンバーでもあります。時間をかけて準備されたこのシンポジウムには、企画段階から関わりました。

　この会には 169 名が参加し、吉田研作氏（上智大学／現在 JACTFL 副理事長）[5] や、當作靖彦氏（カリフォルニア大学／現在 JACTFL 理事）が中心となったパネルディスカッションなど充実したプログラムのほか、前述の副題にもある具体的な「アクションプラン」作成がこのシンポジウムの中心でした。参加者がグループに分かれて議論し、最後にはグループの代表が、話し合いの内容と「アクションプラン」を発表して全体で共有するというものでした。多言語・複言語教育を推し進めるプランを具体的に作成するという意気込みで企画され、実施されました。

5　肩書き、所属はいずれも執筆時。

閉会式では當作氏が「毎年 3 月 3 日は多言語の日にしましょう」「アメリカの ACTFL[6] の日本版、JACTFL を作りましょう」と述べるなど、まるでコンサートの終了のように盛り上がりました。報告には次のように記されています。

　　當作靖彦氏：シンポジウムで議論したことを今日限りで終わらせないで、今日挙げられたアクションプランを先につなげていくことが肝要。TJF（国際文化フォーラム）または他団体でネットワーク構築の力を持つ組織が、JACTFL を設立して進めてほしい。

　まさに上記にあるように、この時点で JACTFL という命名までされました。ただ、まだこのときはその後につながるものは何もないというのが現実でした。
　閉会式では、私とフォーラム前事務局長の中野佳代子氏（現在 JACTFL 副理事長）がコメントを述べることになっていました。その閉会式の前に中野氏に言われました。このシンポジウムは「アクションプラン」まで作成して、いずれ文科省に提案するという意気込みで長い時間かけて準備し、このように実現した、しかし、次につながる流れができていない、この後、これにつなげて何かできないだろうかと。私としては、この大規模なシンポジウムにつながるかどうかは分かりませんでしたが、前述のように、研究会の発展として NPO 法人複言語教育研究所の設立を考えていたため、自分の構想を話しました。あくまで NPO 法人の研究所です。すると、ぜひ閉会式でそれを発言してほしいと言われました。私のあいさつ、最後の中野氏のあいさつは、次のように記されています（国際文化フォーラム編 2012: 7）。

　　山崎吉朗氏：言語を超えたネットワークや組織が必要と考えており、新組織設立を考えている。複言語教育は、戦略をもって進めてい

6　The American Council on the Teaching of Foreign Languages（アメリカ外国語教育評議会）。1967 年設立。アメリカでの外国語教育推進を目指した組織。當作（2014）参照。

第 5 章　複言語・多言語教育推進への道　　**63**

かなければならないと思う。

中野佳代子氏：（略）山崎先生の発言にあった新組織等に期待するとともに、全国的なネットワークをもって取組む必要があるのではないかと考える。

　改めて読むと、當作氏、私、中野氏の発言はJACTFL創設に向けてつながっています。もちろんその時点では、JACTFLは影も形もありませんでした。私自身は、NPO法人の研究所をつくることを夢見ていただけで、目の前で展開している巨大なシンポジウムを実施する、當作氏の言う「他団体でネットワーク構築の力を持つ組織が、JACTFLを設立して進めてほしい」を実現するつもりはまったくありませんでした。というより、そのようなことが可能などと、私だけでなく、誰も思っていなかったでしょう。

　しかし、すぐに次の展開がありました。発言後に席に戻ると、すぐ後ろに座っていた公益財団法人かめのり財団（以下、かめのり）の西田浩子氏に、自分の財団はいろいろな活動を支援している財団なのでぜひその研究所設立を応援したいと言われました。事実、そのシンポジウムの助成団体にもかめのりは入っています。私としては単なる構想のつもりで話をしただけですし、その後研究会の仲間といっしょにゆっくり進めていこうと思っていたのですが、そこから急展開します。

　かめのりの西田氏がほかのメンバーに連絡をとり、わずか3週間後の3月20日に、研究所で初めての会合を開きました。西田氏のほか、吉田氏も中野氏も、前述のシンポジウムを主催したフォーラム事務局長の水口景子氏もいます。話は一挙に大きくなり、このシンポジウムを引き継ぐような組織を作るという流れになりました。事務局はかめのりが場所も提供し、設立の書類作成等はすべて行うということでした。

　その後、5月31日のフォーラムでの会合を経て、7月3日には、非営利の一般社団法人JACTFLを作ることが決まりました。正式な英語名はJapan Council on the Teaching of Foreign Languagesとし、日本語名は日本外国語教育推進機構としました。

設立のための書類作成や登記手続きは、かめのりの西田浩子氏が担当してくれました。設立の資金は株式会社エアクレーレンの吉川美鈴氏（代表取締役）が趣旨に賛同して提供してくれました。吉川氏とは、その年の秋の日本教育工学会でお会いしました。ポッドキャストを使った多言語eラーニング教材の研究発表で、私が質問したのが縁です。その後一度会社を訪問しただけでした。見えない糸でつながれていたように、JACTFLは成立したと改めて思います。

4 英語以外の外国語教育の歴史

　中等教育以下では、ほぼ英語教育のみの現在の日本で、英語以外の外国語教育を導入するのは荒唐無稽だと考えている方も多いかと思います。そこで、少し過去を振り返ってみましょう。中等教育での日本の英語以外の外国語教育について、二つだけ見てみます。

　まず、下記のカリキュラム表はいつのものでしょうか。

表 2　あるカリキュラム

学科	第 1 学年	第 2 学年	第 3 学年	第 4 学年	第 5 学年	計
第一外国語	6	6	7	5	5	29
第二外国語	－	－	－	4	3	7
国語漢文	5	5	5	3	2	20
数学	4	4	4	4	3	19
週時間　計	28	28	28	28	28	

　第二外国語が全員必修になっています。果たして日本のものでしょうか？　ある学校の独自カリキュラムでしょうか？　4 学年、5 学年とありますので高専、あるいは中高一貫校の 5 年までのカリキュラムでしょうか？

　実は、古い話になります。

　これは 1886（明治 19）年 6 月の中学校令による「学科及びその程度」

で、旧制中学校のカリキュラムです。1894年には改定されて第二外国語は廃止されますので、わずか8年間だけの実施でしたが、第二外国語が中等教育で必修になった時期が日本にもありました。外国語教育を奨励していた森有礼が文部大臣のときでした。

　また、次はどうでしょうか。

　　1.　生徒の個性や進路に応じ、教育課程を組織しやすいように科目を編成するとともに、外国語の教養に対する必要の度合に応じうるように、単位数に幅を設けること。
　　2.　二つの外国語の教養を必要とする生徒の多い学校においては、第二外国語を置くことができるようにすること。
　　第3章　外国語科第一外国語
　　　　1　第一外国語の目標
　　　　2　第一外国語（英語）
　　　　3　第一外国語（ドイツ語）
　　　　4　第一外国語（フランス語）
　　第4章　外国語科第二外国語
　　　　1　第二外国語の目標
　　　　2　第二外国語（英語）
　　　　3　第二外国語（ドイツ語）
　　　　4　第二外国語（フランス語）

　「第二外国語を置くことができる」とあり、ドイツ語、フランス語が第一外国語で、英語が第二外国語ということも可能となっています。

　これは1956（昭和31）年の学習指導要領です。この時代に学んでいた高校生たちは、現在以上に多言語学習の可能性があったのです。

　明治時代や太平洋戦争直後は、複言語・多言語教育《➡第1章参照》という点では今より進んでいた時期があったと言えるでしょう。これより先に進めたいという思いがJACTFLの設立につながっています。

5 多言語教育への道

太平洋戦争が始まる直前の 1941（昭和 16）年 6 月 17 日、東京日日新聞に城戸幡太郎氏（法政大学）が「外国語教育の問題」という題で次のように記しています（川澄編 1978: 547）。

> これからの日本人は島国日本に蟄居すべきではなく，広く世界に雄飛すべきであり，それには外国語の二つ三つは自由に使いこなせるだけの語学の力が必要である．

これは、いまだに実現できていません。その実現のために JACTFL は設立されました。そして、ようやくその一歩が文科省の政策の中に現れてきました。JACTFL の活動も一助になったと思われます。文科省の外国語教育政策の中に一筋の光が見えました。2016 年に発表された「幼稚園、小学校、中学校、高等学校及び特別支援学校の学習指導要領等の改善及び必要な方策等について（答申）」[7] で、英語以外の外国語について次のように記述されました。

（英語以外の外国語教育の改善・充実）
○グローバル化が進展する中、日本の子供たちや若者に多様な外国語を学ぶ機会を提供することは、言語やその背景にある文化の多様性を維持・促進し、他の国や文化の尊重につながるため、英語以外の外国語教育の必要性を更に明確にする[8] とともに、学習指導要領の改訂に向けて、外国語教育における指標形式の目標設定を踏まえたカリキュラム研究、研修、教材開発などの取組について支援することが必要である。（下線筆者）

7　2016 年 12 月 21 日答申、199 頁。脚注 1 参照。

8　政策の変化と JACTFL の活動について記された記事もあります。「JACTFL や日本言語政策学会（JALP）など諸団体の地道で粘り強い活動が奏功したのであろうが（中略）、「英語以外の外国語教育の必要性を更に明確にすることが必要である」と明記されている」（拝田 2017: 36）。

この中で、「支援」ということばが入った意義は大きいです。空約束ではなく、この「支援」は次年度予算で示され、小・中・高等学校を通じた英語教育強化事業の中に、「外国語教育強化地域拠点事業　英語25件＋多言語3件」[9]の予算が入りました。昨年までは、「英語教育」のみでした。文言は「外国語教育」に変わり、英語に比べると少ないですが「多言語3件」と明記されています。文科省が、多言語教育も外国語教育政策の視野に入れたということは重要だと考えています。

6　おわりに

　JACTFL は「あらゆる言語、教育段階の垣根を超えて外国語教育関係者が連携・協力」することを目指す組織と記しました。各言語、各団体の事情は異なり、それぞれが独立しています。さまざまな言語に共通するものは必ずありますが、それだけを結びつけるのでは言語ごとの特質が出ません。一枚岩にするのは無理にしても、各言語固有のものを共通するものに結びつけることはできるはずです。緩やかに各言語、各団体を結び、全体としては強い組織になるようにして、よりよい外国語教育政策につながっていくようにしたいと考えています。ばらばらになっていては何も進みません。前進あるのみです。

ディスカッション・ポイント

1　国の外国語教育の制度には、高校卒業までに英語以外を学習できる仕組みがあることを知っていましたか。もしあなた自身が英語以外の外国語を学習していたら、いろいろな見方が変わっていたと思いますか。

2　もし、あなたが文部科学省の職員だったら、どのような複言語・多言語教育政策を行いますか。

3　複言語・多言語教育を進めていくのに、あなた自身ができることはありますか。

9　概算要求段階の多言語6件が、残念ながら3件に減りました。

参考文献

川澄哲夫(編)(1978)『資料日本英学史 2　英語教育論争史』大修館書店

国際文化フォーラム(編)(2012)『シンポジウム「未来を生きぬくための外国語教育に挑む」──つながりを実現するアクションプラン──報告書』上智大学国際言語情報研究所・公益財団法人国際文化フォーラム　(TJF)

當作靖彦 (2014)「ACTFL の歴史」『複言語・多言語教育研究』2, 27-31.

拝田清 (2017)「上に〈政策〉あれば下に〈対策〉あり !?」『英語教育』4 月号, 35-37.

文部科学省 (2016)「幼稚園、小学校、中学校、高等学校及び特別支援学校の学習指導要領等の改善及び必要な方策等について」<http://www.mext.go.jp/b_menu/shingi/chukyo/chukyo0/toushin/1380731.htm>（2017 年 3 月 25 日閲覧）

文部省 (n.d.)「高等学校学習指導要領外国語科編［昭和 31 年改訂版］」<http://www.nier.go.jp/guideline/s31hl/chap2.htm>（2017 年 3 月 26 日閲覧）

山崎吉朗 (2015)「声をあげる」『複言語・多言語教育研究』3, 107-127.

山崎吉朗 (2016)「変革の兆し」『複言語・多言語教育研究』4, 169-174.

山崎吉朗(編)(2007)『中等教育における英語以外の語学教育（調査資料集 243）』一般社団法人日本私学教育研究所

山崎吉朗(編)(2008)『キャリアデザインにつながる多言語教育（調査資料集 244）』一般社団法人日本私学教育研究所

山崎吉朗(編)(2011)『多言語・複言語教育研究』第 1 号, 日本私学教育研究所

JACTFL (2012)「一般社団法人日本外国語教育推進機構 JACTFL」<http://www.jactfl.or.jp/>（2017 年 4 月 2 日閲覧）

JACTFL(編)(2013-2016)『複言語・多言語教育研究』第 1 号から第 4 号

Column ❶

多言語教育の挑戦とその変遷
慶應義塾志木高等学校の場合

岡田吉央

　2016 年度現在、慶應義塾志木高等学校では 24 言語の授業が「総合的な学習の時間」の一環として、2 年生に対して行われています。また、放課後に「語学課外講座」が全学年を対象に開かれています。「総合的な学習の時間」では文化的なことに重点を置いた授業が、「語学課外講座」では語学教育に重点を置いた教育が展開されています。「総合的な学習の時間」の授業は「前期」と「後期」に分けられ、2 年生は、それぞれ異なった言語を履修することになっています。「語学課外講座」は、放課後に行われている授業ですので、生徒たちは履修を強制されているわけではありませんが、毎年 150 人前後の生徒が関心を持った言語を学んでいます。

「課外の科目」の時代（1995 年〜 2002 年）

　全生徒が「英語」以外の授業を履修し、そして放課後に関心のある言語を学ぶという現在のスタイルは、1995 年にスタートした「課外の科目」までさかのぼることができます。その目標は、1）柔軟な発想と多角的な思考の能力を養うこと、2）旺盛な探求心を培うこと、3）積極的な自己表現力を育てることにあり、そこには、正課の枠組みにとらわれずに、古典語をはじめ世界各地の多数の言語の学習を通じて視野を広げてほしいという、生徒に対する教員の願いがこめられていました。このような教員の願いに応えて複数の言語を学習して身につけた志木高生は多かったのですが、正式に成績がつかなかったため、授業に真剣に取り組まない生徒もいました。そのため、2003 年のカリキュラムの変更とともに「課外の科目」は解消されて、現在、行われているスタイルとなったのでした。

「総合的な学習の時間」、「語学課外講座」で扱われている言語について

　「課外の科目」が発足したときに開かれた講座は、以下の 19 言語です。
　　「サンスクリット語」、「古典ラテン語」、「中国語」、「ポルトガル語」、

「ヘブライ語」、「インドネシア語」、「スペイン語」、「モンゴル語」、「アラビア語」、「韓国語」、「スワヒリ語」、「トルコ語」、「ベトナム語」、「ロシア語」、「イタリア語」、「古典ギリシャ語」、「タイ語」、「ビルマ語」、「ペルシア語」

そして、カリキュラムの変更などを経て、次の5言語が追加されました。「ドイツ語」、「フランス語」、「アイヌ語」、「琉球（沖縄）語」、「フィンランド語」

24言語の講座が毎年確実に開かれるよう、「総合的な学習の時間」の運営を担当する本校の専任教諭が毎年10月に履修の希望（複数）をとり、それに基づいて生徒を振り分けています。一講座あたりの生徒の人数は11人前後で、生徒たちは恵まれた環境の下で外国語学習に取り組んでいると言えるでしょう。「語学課外講座」の履修の希望は毎年4月にとられ、生徒たちはそれぞれ学びたい言語の授業に参加しています。「語学課外講座」は、生徒の希望を重要視していますので、講座によって履修者の数は変わってきます。しかし、意欲が高い生徒が履修していますので、「総合的な学習の時間」以上に熱気にあふれた授業が展開されています。

多言語教育を行うにあたって欠かせないことは、必要な機材が備わった教室の確保です。しかし、24言語の授業ではそれを実現できていません。したがって、毎年何人かの先生が不便な思いをしています。これをなくすために、2017年度から、24言語の授業をすべて半期制にして、1年を通じて24言語の講座が開講される形式に変更しました。そして8時限目を設定することによって、「語学課外講座」の時間数を1時間増やしました。これにより、一つの言語を長期にわたって履修することは不可能になりましたが、教室の確保に悩むことがなくなったことはもちろん、生徒たちが複数の言語を積極的に履修することや、より高いレベルの語学の授業に触れることが可能になりました。言語教育にパーフェクトなものはありません。生徒にとってよりよいものを目指して、今後も24言語の教育の実践を目指すこととなるでしょう。

Column ❷

つながるためのことばの学び
国際文化フォーラムの事業

水口景子

　これからの社会は、国内であっても海外であっても、ますます多言語・多文化状況になるに違いありません。このような時代を生きていく子どもたちが自分たちの未来を切り開いていくためには、他者と対話する力、共感できる力、異なることば、異なる文化の人々と協働し、新しいものを創造する力が求められます。公益財団法人国際文化フォーラム（TJF、www.tjf.or.jp）は、子どもたちがこうした力を育むことを目指し、外国語教育と交流関連の事業に取り組んでいます。

新しい外国語教育の提案

　TJFは1994年から高校の中国語教育に、97年から高校の韓国語教育事業に取り組んでいます。この二つのことばは、地理的、歴史的、政治的、経済的に日本と密接な関係にある隣国のことば（隣語＝りんご）であるにも関わらず、教育を取り巻く環境はほとんど整備されていませんでした。なかでも学習指針がないことは、長い間大きな課題となっていました。

　2006年1月より、TJFは高校と大学の先生方とともに指針づくりのプロジェクトをスタートさせ、その成果を2012年3月に『外国語学習のめやす──高等学校の中国語と韓国語教育からの提言』（以下、「めやす」）として発行しました。「めやす」では、教育理念、教育目標とともに、学習目標として総合的コミュニケーション能力の獲得を

「めやす」PDF版

掲げました。この能力は、多言語・多文化が共生するグローバル社会づくりに参画し、自律的に生きるために必要な力です。目標は、「言語」「文化」「グローバル社会」の三つの領域と、各領域において身につけたい三つの能力を「わかる」（知識・理解目標）、「できる」（技能目標、思考・判断、技能・表現を含む）、「つながる」（関係性構築目標）として位置づけています。

学んだことばを実際に使う

　TJFは、ことばの学びと交流をつなげることにも力を入れてきました。TJFの交流プログラムの特徴は、学んでいることばを実際に使いながらコラボレーション（複数の人が知恵を出し合い、役割を分担しながら、新しいアイディアやモノをつくりあげる活動）を体験できることです。これまで実施してきた二つのプログラムを紹介します。

(1) 日中の高校生のサマーキャンプ

　日本の高校で中国語を学ぶ高校生100名と、中国で日本語を学ぶ高校生50名が、中国の長春で1週間寮生活をしながら、ことばの学びや共同活動を行います。最終日にゲストを迎えて実施する「サマキャン☆文化祭」に向けて、日中混合のチームがゲストに楽しんでもらえるような文化祭の構成や、日中両言語で進行のせりふを考えたり、会場の設営に取り組みます。

　この活動では、①少人数の活動、②複数の役割をもたせ多くの人との関わりをつくる、③個人→グループ内→グループ間などアイディアを出しやすくする、④自ら気付き、仲間から学べるようにする、などの工夫をしています。

(2) 日韓のことばを学ぶ中高校生の交流「SEOULでダンス・ダンス・ダンス」

　日韓で互いのことばを学ぶ中高生が、ソウルで5日間合宿生活をしながら、K-POPダンスづくりに取り組みます。プログラムでは、①さまざまな価値観を持った人たちがいることを知り、いっしょに何かをすることに興味・関心が広がっていること、②もっと韓国語、日本語を学びたくなっていることを目標に設定しています。

日韓の参加者がアイスブレーク中

　いずれのプログラムも、参加者の感想から、コミュニケーションにおけることばの重要性に気付いていること、いっしょに活動することで、相互の文化的背景やほかの人への関心、共感を育み、自分たちの文化への理解を深めていることが窺えます。

第 2 部

日本における／海外在住日本人の
多言語管理の実態と展望

『しまくとぅば読本［小学生］』表紙（第 6 章）

第6章 沖縄県の言語事情と「しまくとぅば」普及推進計画

中本 謙

> みなさんは、沖縄県というと、どのようなイメージを持たれるでしょうか。きれいな海、独自の文化、米軍基地、ゴーヤーチャンプルーなど、いろいろと思い浮かぶことがあるでしょう。本土から離れた南西の島々には、多様性に満ちた言語群が広がっています。しかし、独自の琉球文化を支えてきたこれらの言語は、消滅の危機に瀕していると言われています。この章では、琉球列島で話されている言語が具体的にどのような状態にあるのか、これに対して沖縄県がどのような施策を行っているのかについて、その背景や具体的な活動を中心に見ていきます。

1 はじめに

琉球語（琉球方言）[1]は、奄美大島から与那国島までの約900キロメートルに及ぶ洋上の島々で話されている日本語の姉妹語といえる大言語群で

1　琉球語は次のように区画されます。中本（1981）から示すと、次のとおりです。

す。

　島嶼という環境もあり、多様性に満ちあふれた言語となっており、本土とはまったくコミュニケーションがとれないほどの隔たりがあります。また琉球語内においても、奄美方言、沖縄方言、宮古方言、八重山方言、与那国方言は、互いにコミュニケーションがとれないほど、独自に発達しています。ゆえに廃藩置県後、沖縄県は標準語の受容に力を入れることとなります。1880 年には、標準語を学ぶための手引きとして『沖縄対話』（沖縄県庁学務課編）という標準語と沖縄方言が併記された会話書が出版されました。また学校では、方言札[2]という罰札を用いた標準語教育が進められていきます。さらに交通、メディアの発達もあいまって、琉球語は、衰退の一途を辿っていくのです。

　現在、1972 年の本土復帰以降に生まれた世代の人々は、3 母音を基調とした元の琉球語を継承していません。したがって 40 代以下の人々は、自らが生まれ育った地域の本来のことばで、コミュニケーションをとることができなくなってしまったのです。この背景には、1980 年代後半の学力向上運動があります（藤原 1996）。つまり、当時の児童生徒の学力の低さは、共通語を十分に使いこなせないことも原因であると考えられたようです。学校、地域、家庭が一丸となって積極的に共通語を用いて、方言の使用を控えるという環境が生まれてしまったのです。結果として、現在の家庭では、祖父母世代は互いに方言を用いますが、孫に対しては通じないため、共通語を使うようになっています。もはや今の 20 代は、自らが生まれた地域のことばで「父」を何というかさえ分からなくなっています。

　このような状況を憂慮した沖縄県は、郷土文化を見直そうという機運の高まりとともに 2006 年に「しまくとぅばの日に関する条例」[3]を公布しました。また、2009 年に琉球語がユネスコの『世界消滅危機言語地図』[4]に

2　沖縄では、標準語教育推進のために、1907 年頃から 1960 年まで行われました。小中学校内で方言を使用した者に首から木でできた罰札を下げさせます。

3　「しまくとぅば」とは、沖縄県内で話されている地域ごとの伝統的な琉球語を指します。

4　ユネスコによって指定された世界中の絶滅危機言語の地図。理解度を基準にして、琉球列島の方言について、奄美語、沖縄語、国頭語、宮古語が「危険」、さらに八重山語、与那国語は「重大な危険」、つまり絶滅寸前にあると分類しました。

第 6 章　沖縄県の言語事情と「しまくとぅば」普及推進計画　｜　**77**

記載されると、沖縄県全体での保存、継承に向けた取り組みがさらに加速することとなるのです。また各市町村単位でも、「しまくとぅば」による弁論大会や市町村史の言語編の企画等、さまざまな事業が取り組まれています。しかしながら、一度継承を止めてしまった言語をもとの状態に戻すことは容易なことではないという現状があります。

2 「しまくとぅば」の普及へ向けて

2.1 那覇市の取り組み

はじめに、沖縄の政治、経済、文化の中心地である那覇市では、どのような取り組みがなされているのか見ることにします。

2012年は、沖縄本土復帰40周年にあたります。「しまくとぅば」継承へ強い思いのある当時の那覇市長翁長雄志氏は、「ハイサイ・ハイタイ運動」を展開します。これは、市役所でめっきりウチナーグチ（沖縄口）を聞かなくなったことを憂い、市役所の職員に窓口で一言「ハイサイ」、「ハイタイ」とあいさつしようと呼びかけたものです。市長が、「しまくとぅば」継承へ強い思いを抱くに至った背景には、以下の出来事があるそうです（中本・大城・村上2013）。

　　・世界のウチナーンチュ大会で、海外から来たウチナーンチュが故
　　　郷・沖縄でウチナーグチが通じないという話をされているのに、
　　　ショックを受けたこと。
　　・人間国宝照喜名朝一さんの「私の人間国宝としての価値は、ウチ
　　　ナーグチの上に成り立っている」という話に感銘を受けたこと。
　　　　　　　　　　　　　　　（「平成24年4月の市長メッセージ」より）

これらがきっかけとなり、那覇市では、さらに継承に向けて拍車がかかり、2014年には那覇方言の読本『ちかてぃ　あしばな　しまくとぅば（使って遊ぼう島言葉）』が作成され、那覇市内の全小・中学校全児童生徒に配布されました。

また、隣接する豊見城市でも、2016年に読本『わったー　たからむん　てぃみぐすく　くとぅば（私たちの宝もの豊見城ことば）』が作成され、配布されています。

2.2 沖縄県の取り組み

　沖縄県は、沖縄文化の基層であり、沖縄県民のアイデンティティの拠り所でもある「しまくとぅば」の話し手が年々減少していくことに危機感を覚え、2013年に「しまくとぅば県民運動推進事業県民意識調査」を実施しました。これは、沖縄県民の「しまくとぅば」に対する意識や使用の現状を具体的に把握することを目的としています。調査は、沖縄本島北部地区、中部地区、南部地区、宮古地区、石垣地区に分けて、10代から70代までの世代を対象にアンケート形式で行われました。全体の主な結果は、図1、図2のとおりです。

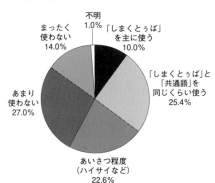

図1・図2　沖縄県民はどの程度「しまくとぅば」を使用・理解しているか

　図1、図2を見ると、「しまくとぅば」を主に使うという回答は10%、また「しまくとぅば」がどの程度理解できるかについても「よくわかる」との回答は24.2%という結果が分かります。しかし、これはすべての年

代の平均値で、10代においては、これらの質問はいずれも4％以下という結果になっています。つまり、現在「しまくとぅば」の継承はなされていないということが具体的に示されたとも言えるのです。また、「子ども達が「しまくとぅば」を使うことについて」（全体平均）は、「是非、使えるようになってほしい」が34.5％、「できれば使えるようになってほしい」が52.3％となっており、約8割が使えるようになってほしいとの結果が出されています。

　この「しまくとぅば」県民意識調査の結果を受けて、沖縄県は、2013（平成25）年から「「しまくとぅば」普及推進計画」を立ち上げることとなります。その概要は次のとおりです（沖縄県文化観光スポーツ部文化振興課 2014）。

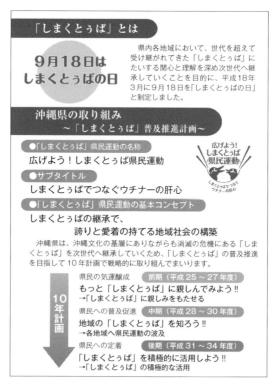

図3　「「しまくとぅば」普及推進計画」の概要

沖縄県は、2013（平成 25）年以降、公共交通で「しまくとぅば」を採用するなど、「しまくとぅば」に親しめるようさまざまな環境づくりを行っています。

　また、「しまくとぅばの日」である 9 月 18 日に合わせて以下のものを作成し、「しまくとぅば県民大会」等で配布することによって普及推進を図っています。

- ・『しまくとぅばハンドブック』（平成 25 年度：2,000 冊、平成 26 年度：2,000 冊）
- ・「しまくとぅば 50 音表」（平成 25 年度：1,500 部）
- ・「しまくとぅばカレンダー」（平成 26 年度：2,000 部）
- ・『しまくとぅばなぞなぞブック』（平成 27 年度：2,000 部）

　ちなみに那覇市で「しまくとぅば」の普及推進に力を入れてきた翁長雄志氏は、2014 年から沖縄県知事に就任しています。

2.3 高校副読本の作成

　これまで、沖縄県の高校副読本としては、1970 年の『沖縄の文学――高校生のための古典副読本』がありました。この頃は、郷土の教育にも力を入れていたようで、高校での組踊りの鑑賞会もなされていました。また、当時の高校生はまだ琉球語を体系的に有している世代であり、琉球語の学習は特に必要としなかったようです。

　1996 年に新たに『高校生のための郷土の文学　古典編』[5] が作成されます。この中で、「1、沖縄の方言」という形で琉球語について概説がなされていますが、分量としては数ページ程度です。

　2014 年になると、初めて琉球語に特化した副読本が作成されます。沖縄県教育委員会県立学校教育課の編集によって作成された『高校生のための「郷土のことば」――沖縄県（琉球）の方言』です。これは、先の『高

5　2003 年には、高教組教育資料センター（編）『新編　沖縄の文学 ［増補・改訂版］』も作成されています。

第 6 章　沖縄県の言語事情と「しまくとぅば」普及推進計画　**81**

校生のための郷土の文学　古典編』の中の「1、沖縄の方言」の増補改訂版にあたり、分量も一気に100ページに増量されています。この本は、「「しまくとぅば」普及推進計画」の前期の事業に位置づけられます。沖縄県が「しまくとぅば」の普及に力を入れ始めたということが、本書の作成からも窺えます（沖縄県教育委員会県立学校教育課編2014）。

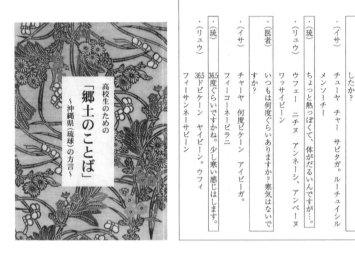

図4　『高校生のための「郷土のことば」』より（同書p. 80）

まず、この本のねらいを「この副読本を学習するにあたって」から一部抜粋して示します。

- 本書は、沖縄（琉球）方言の豊かさやその価値を知ってもらうために編集しました。
- 教師と生徒がともに学習できるように編集し、沖縄の方言が古典学習とつながるよう工夫しました。
- 沖縄各地の方言に親しみ、その保存継承の一助になるように工夫しました。

これらのねらいに即して、具体的な内容がどのようになっているか、各章ごとに概観していきます。

　第一章「日本語の中の琉球方言」では、琉球列島のことばが多様な特徴を持った言語であることについて説明されています。また、比較言語学的に日本語唯一の姉妹語として学術的な価値があることについても言及しています。そして日本古語との関わりや、奄美方言、沖縄方言、宮古方言、八重山方言、与那国方言の主な言語的特徴についても、それぞれ概観しています。特に、係り結び等古典文法とのつながりや、アーケージュー（とんぼ／あきづ）やシティミティ（つとめて）のように古い層の日本語が残っていることなどについての解説は、「本書のねらい」にあるように、高校の古典学習につなげられるようになっています。またチムグリサン（かわいそう）のような「肝」に対応するチムによって構成される語など、沖縄の風土に根差した語が積極的にとりあげられていることも特筆すべき点です。

　第二章「那覇方言」では、沖縄県の県庁所在地であり、政治、経済、文化の中心地でもある那覇のことばについて、音韻、文法、語彙、表現に分けて詳しく概説しています。たとえば、表現においては、ゴーグチハーグチ（不平不満を言うこと）のような反復法などが比較的詳しく示されていて、なるべく沖縄の特徴的な表現をとりあげることを意識しています。

　第三章「南琉球方言」では、南琉球方言の全体的な特徴が示された上で、宮古佐良浜方言を例に、音韻、文法、語彙が概説されています。たとえば、音韻においては「罠」がバナのようにワ行音がｂ音になること等の特徴や、形容詞についても「美しい」に相当する方言語形を４種あげ、その用法の相違から共通語とはまた異なった繊細な意味の世界があることなども示されています。

　第四章「ウチナーヤマトゥグチ」では、共通語と沖縄方言の中間的言語変種であるウチナーヤマトゥグチの特徴が具体例とともに概説され、表現などの根の部分では琉球語の特徴が保持されていることが示されています。たとえば、コドモニ　ナラワセタ（子どもに教えたの意）のように相手に視点を移動させた表現や、アスハ　アメダハズ（明日は雨だと思うの

意）[6] のような例が示されています。

第五章「沖縄方言（琉球方言）」の各方言は、会話編となっていて、CD付きで音声を聞くこともできるようになっています。本島中南部那覇方言、本島北部瀬底方言、宮古佐良浜方言のあいさつや買い物、病院での受診など具体的な日常場面が想定された会話が掲載されています。特に話者のほとんどが高齢者であることもあり、病院編は重宝されています。

第六章「資料編」では、芥川龍之介著『蜘蛛の糸』の沖縄語対訳や、「しまくとぅばの森 50 音表」などが掲載されています。

本書は、すべての沖縄県立高校に配布されています。

2.4 | 小中学校用の「しまくとぅば」読本の作成

2015 年の 4 月に学校生活や日常生活、さらには各地の行事等、5 地域（本島北部、南部、宮古、八重山、与那国）の「しまくとぅば」を掲載した CD 付き読本が作成されました（p. 75 参照）。県内すべての小学校 5 年生と中学校 2 年生の児童生徒に無料配布されています。

表記は、各地域の音韻体系を踏まえていて、音素として認められるものは、平仮名を工夫し、すべて正確に表記されています[7]。また、高校の副読本の表記方法を採用していて、小学校から高校まで統一された表記となっています。付属の CD には、電子書籍版が収録されており、単語や文をクリックするとネイティブスピーカーの音声が流れるようになっています。小学校用、中学校用ともに資料はすべて当該地域のネイティブスピーカーによる資料で、すべての音声を琉球語研究者が確認し、表記しています。当該地域の音韻体系を有していない児童生徒にとって、具体的に音声が聞けるというのは、大きなメリットです。また、各地域のバラエティに富んだ音声の違いも比較することができるようになっています。

6　ウチナーヤマトゥグチの〜ハズは、共通語と異なり、可能性の低い推量の意味でも使われます。たとえばクルハズは、「たぶん来ると思う」くらいの意味でも使われます。

7　琉球の音声は、共通語とは大きく異なります。たとえば、北琉球では、喉を詰めて発音するッヤー [ʔjaː]（お前）と喉を詰めないヤー [jaː]（家）のように、/ʔ/（声門閉鎖音）による音の区別等があります。また南琉球では、子音に唇歯音の /f/ や /v/ が認められ、母音にも、中舌音 /ï/ が認められる等の特徴があります。

小学校では沖縄の諺、中学校ではさらに琉歌についても学べるように工夫されていて、「伝統的な言語文化に親しみ、継承・発展させる態度を育てる」という現行の学習指導要領に応える形にもなっています。

図5　『しまくとぅば読本［小学生］』より

3　「しまくとぅば」の学校における取り組み

　現在沖縄県の学校教育においては、貧困や学力向上などさまざまな問題があります。このような状況の中で、どのように「しまくとぅば」の取り組みがなされているのでしょうか。まず、沖縄県の『中期「しまくとぅば」普及推進行動計画——県民への普及促進に向けて（平成28年度〜平成30年度）』「学校・教育機関の取組」p.4を見てみましょう。

　　（ア）小・中学校の取組
　　　小・中学校等においては、「しまくとぅば」に慣れ親しんでもらう

ために、「しまくとぅば読本」を活用した他、国語や総合的な学習の時間、特別活動（学級活動、児童・生徒会活動、クラブ活動、学校行事）、道徳等で「しまくとぅば」の普及に向けた取組が行われた。また、給食や下校の校内放送等を「しまくとぅば」で行うなどの取組が行われた。

（イ）高校の取組

　高校においては、平成26年度から副読本を作成・配布して、学校設定科目（郷土の文学・郷土の言葉）等で使用している。

（ウ）教員向けの取組

　教員向けの取組としては、総合教育センターにて、幼・小・中・高の教員を対象とした「うちなーぐち実践指導講座」が開催され、教員が「しまくとぅば」に親しみ、授業等で活用できるような研修を行っている。

　以上は、「前期行動計画」の報告です。教育課程の範囲内で行わなければならないため、総合的な学習の時間や特別活動の時間が中心となっています。

　これまでに奄美大島から与那国島まで、どのように地域語（方言）の取り組みがなされているのか調査したことがあります。さまざまな取り組みがなされていますが、最も小中学校で多い取り組みは、総合的な学習の時間を使った方言劇でした。多くの学校では、児童生徒に地域のお年寄りが指導するため、地域全体の活性化につながっています。ただ年に1回程度しか開催されず、方言劇で覚えた地域語は、その後使用しないため、一過性のものになりがちだという意見も聞かれます。しかし、与論島にある与論小学校のようにゲストティーチャーを招いて、文法等を体系的に教えている学校もありました[8]。また宮古島では、地域の話者を招いた人体語彙の授業などがなされていました。以下、中本・大城・村上（2013）の調査で見えてきた地域語を学習する意義と課題を整理して示します。

8　与論小学校のある与論島は、琉球語圏ですが、行政区画上は鹿児島県です。

① 地域への愛情と誇りを育てる地域語学習

　調査を行った多くの学校現場では、地域学習の一環として地域語学習を位置づけていました。地域の暮らし、文化、歴史、精神世界、ものの見方等と一体となって地域語学習を行うことが肝要です。

　また、お年寄りとのコミュニケーションを深め、異世代の交流をはかるために地域語学習に取り組む学校が多く見られました。受け継がれてきた命の営みの大切さを学ぶ上で、地域語学習は深い意義を持つと言えます。

② おのおのの地域差を尊重する地域語学習

　地域語継承において、課題となるのが地域差です。特に琉球語は集落差が激しく、バラエティに富んでいます。いずれかを正統言語と定めることはできません。地域への誇りを育むためには、微妙な地域差にもひらかれ、各地域のことばを大切にした地域語学習のあり方の探究が求められます。そうしたあり方が、自他のことばの尊厳を尊重する姿勢を育むことにつながり、多文化を理解し、多様化する世界を生きていく上での礎となります。

③ 地域の人材をゲストティーチャーとする

　教員は、その地域出身とは限りません。①②を可能にするためには、地域語継承に思いが深く、地域語に精通したゲストティーチャーの存在が必須です。

④ 話者の減少に対する対応

　地域語学習が成功している学校では、その背景に、地域語話者減少に対する危機感を持つ地域の方々の精力的な活動（辞書や読本等の作成）がありました。今後、話者減少はさらに深刻な課題となるでしょう。

　与論小学校では、パソコンによってユンヌフトゥバ（与論言葉）の音声を再生する教材を開発していました。

⑤ 学校現場と言語研究者の連携

　地域語学習には、辞書や言語学的知見が必須です。学校現場と言語研究

者が連携することで、言語感覚や思考力を育む系統的な地域語学習が可能
となると考えられます。

⑥ 地域語学習の教育課程への位置づけの工夫

　地域語学習は、主に「総合的な学習の時間」、あるいは国語科と関連づ
けられて行われていました。なかには社会科と関連づけて行われていた地
域もあります。

　地域語学習の教育課程の位置づけを行っている地域では、地域への深い
思いを持つ教育長や学校長のリーダーシップが見られました。

　多様な課題を抱え、多忙をきわめる学校現場でどのように地域語学習を
位置づけるか、今後、さまざまな工夫をしつつ交流することが課題とな
るでしょう。地域人材による生きた伝承の場を大切にしつつ、IT 教材開
発を含め、さまざまなアイディアが必要となってくるでしょう。

⑦ 地域語学習に関する教育交流・ネットワークの構築

　地域語学習に取り組んでいる学校では、実に多様なアイディアが実践さ
れています。今後、こうした教育交流・ネットワークの構築を通して、成
果を蓄積していくことも肝要です。明治期の中央集権的な標準語教育とは
異なるあり方、すなわち下からのネットワーク構築による地域語学習の探
究が求められます。

4　おわりに

　現在、「「しまくとぅば」普及推進計画」は、中期に入っています。後期
は、平成 34 年に終わる予定です。その時点で「しまくとぅば」を、①主
に使う、②半分くらい使う、③あいさつ程度使う県民を 30 ％アップさせ
ることを目標としていますが、結果はどのようになるのでしょうか。「し
まくとぅば」の継承は、行政、地域、学校、家庭の思いが一致して初めて
それが推進力となると考えられます。これらのいずれかが欠ければ、歯止

めがかかってしまうでしょう。

　先祖から連綿と受け継がれてきた地域語は、その地域を映し出す鏡です。その地域特有の自然や気候、その地域の人々の生活、ものの見方は、やはりその地域のことばに反映されているのです。南島の一集落の一地域語は、世界の言語数からすれば、大海の一滴に過ぎないかもしれません。しかし覗いてみると、その地の風土に育まれた豊かなことばの世界が広がっています。この世界を若い世代に知ってもらうべく、2017 年に入り、沖縄県作成のテレビ CM が流れています。そのキャッチコピーは「もっと知ろう『しまくとぅば』」です。

　IT が発展し、ますます世界との距離が近くなりつつある今、グローバルな視点がさらに必要とされてきます。「しまくとぅば」を通じて、自らの地域の豊かな文化を知り、自信と誇りを持って外の世界に目を向けてもらうことを願います。そうすることで、多様な文化、さまざまな価値観を尊重し、柔軟に対応できる寛容さも育まれるでしょう。

ディスカッション・ポイント

1. 共通語化が進み、「しまくとぅば」が継承されず、消滅していく傾向にある現状を、どのように考えますか。
2. 沖縄県は、「しまくとぅば」の普及推進計画に力を入れていますが、「しまくとぅば」の継承は可能だと思いますか。また、なぜそのように思いますか。
3. 沖縄県の学校教育の場で「しまくとぅば」を取り入れるべきだと思いますか。また取り入れるとすれば、目標をどこに置きますか。

参考文献

沖縄県（2003）『中期「しまくとぅば」普及推進行動計画──県民への普及促進に向けて（平成 28 年度〜平成 30 年度）』沖縄県 <http://www.pref.okinawa.jp/site/bunka-sports/bunka/shinko/simakutuba/documents/koudoukeikakuh28.pdf>（2017 年 10 月 2 日閲覧）

沖縄県教育委員会学校教育課（編）（1996）『高校生のための郷土の文学　古典編』

沖縄県教育委員会県立学校教育課(編)(2014)『高校生のための「郷土のことば」
　　——沖縄県（琉球）の方言』(副読本)，沖縄県教育委員会

沖縄県高等学校教職員組合(編)(1970)『沖縄の文学——高校生のための古典副読
　　本』沖縄時事出版

沖縄県文化観光スポーツ部文化振興課（2014）『しまくとぅばハンドブック——語
　　てぃ　んーだな　しまくとぅば』(中本謙・西岡敏監修) 沖縄県文化観光ス
　　ポーツ部文化振興課

高教組教育資料センター(編)(2003)『新編　沖縄の文学［増補・改訂版］』(波照
　　間永吉監修) 沖縄時事出版

「しまくとぅば読本」制作委員会(編)(2015a)『しまくとぅば読本［小学校］』沖
　　縄県文化観光スポーツ部

「しまくとぅば読本」制作委員会(編)(2015b)『しまくとぅば読本［中学校］』沖
　　縄県文化観光スポーツ部

豊見城市（2016a）『わったー　たからむん　てぃみぐすく　くとぅば［低学年
　　用］』豊見城市

豊見城市（2016b）『わったー　たからむん　てぃみぐすく　くとぅば［高学年・
　　一般用］』豊見城市

中本謙・大城貞俊・村上呂里（2013）「学校における琉球方言の保存・継承に係
　　る取り組みの実態」文化庁委託事業報告書『危機的な状況にある言語・方言
　　の保存・継承に係る取組等の実態に関する調査研究事業（奄美方言・宮古方
　　言・与那国方言）』琉球大学国際沖縄研究所，pp. 1-78.

中本正智（1981）『図説琉球語辞典』金鶏社

那覇市（2014）『ちかてぃ　あしばな　しまくとぅば（使って遊ぼう島言葉）』那
　　覇市教育委員会

藤原幸男（1996）「復帰後沖縄における学力問題の展開」あけもどろの会(編)『こ
　　とば　生活　教育』ルック，pp. 201-222.

第**7**章

移民の言語使用と母語継承

庄司博史

> 日本は近年までしばしばみんなが日本語を使う単一言語社会であると
> されてきました。しかし、国際交流も活発化するに従い日常生活でも日
> 本語以外の言語を目にし、耳にすることも増えています。この変化の中
> で特に注目すべきは、1990年代以降、日本社会にさまざまな理由で定
> 住し始めた外国人です。彼らのことばは今、日本社会の一部となりつつ
> あると同時に、多言語化という変化のきっかけとなりました。ここでは、
> 彼らがどのようにことばを用いているのかについて考えてみたいと思い
> ます。

1 はじめに

　今日、日本には多くの外国人が定住、半定住していて、その数は法務省
入国管理局が毎年発表する在留外国人統計によって把握することができ
ます。法務省（2017）によると、2016年12月現在、在留外国人の総数
は238万2822人で、総務省が発表した同時期の日本の人口1億2495万
5377人の約1.9%を占めています。在留外国人の総数は1990年代以降、
急激に増加したことが図1から分かります。西ヨーロッパのドイツやフ
ランス、スウェーデンなど移民を積極的に受け入れてきた国々に比べると
多くはありません。しかし、総数は全国で14番目の宮城県の人口にほぼ
匹敵する規模を持ち、後で触れるように彼らが出身地ごとに集住するいく

つかの地域では、相互にビジネスや生活面で関わり合う緩やかなコミュニティが形成されていて、日本社会にとっても重要な存在となっています。

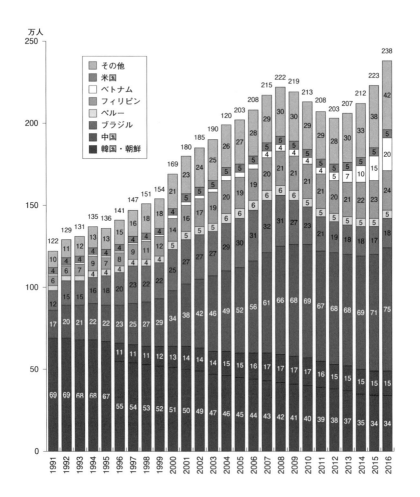

図1　在留外国人（外国人登録者）数の推移（毎年末）

出身国・地域ごとの統計は表1にあげたとおりです。出身国上位には、中国、韓国、フィリピン、ベトナム、ブラジル、ネパール、米国、台湾、ペルー、タイがあがっています。このうち前5者は10万人以上の規模を

持ち、突出しています。一方で、かつては外国人の代表のように見られていた米国出身者は5万人あまりで、その数には過去10年以上大きな増減は見られません。

表1　国籍・地域別在留外国人数（2016年12月）

(1)	中国	695,522人
(2)	韓国	453,096人
(3)	フィリピン	243,662人
(4)	ベトナム	199,990人
(5)	ブラジル	180,923人
(6)	ネパール	67,470人
(7)	米国	53,705人
(8)	台湾	52,768人
(9)	ペルー	47,740人
(10)	タイ	47,647人
	その他	340,299人

　以下では観光や商用で一時的に滞在する外国人と区別するため、さまざまな理由で在留外国人として登録されている移住者を「移民」と呼びます。通常、日本に在住する移民はその来日の時期によりオールドカマー（旧来者）とニューカマー（新来者）に分けられます。オールドカマーは第二次世界大戦以前、あるいは移民数の増加が再開する1970年代から80年代以前に来日した人々、後者はそれ以降の人々とされることが一般的です。

　上にあげた主な移民のうち、オールドカマーとニューカマーに二分されるのは、台湾出身者を含む中国系の人々、そして朝鮮半島にルーツを持つコリアンです。朝鮮半島にルーツを持つ場合でも、韓国国籍をもたない人々は現在朝鮮籍とされています。また、フィリピン、ベトナム、ブラジル、ネパール、ペルー、タイ出身者はほとんどがニューカマーです。このうちベトナム人の一部にインドシナ難民とその家族が含まれますが、多くは事実上、労働移民として来日した技能実習生や留学生です。さらに近年は留学生や技能者として働くネパール人が急増しています。これらの移民

第7章　移民の言語使用と母語継承　　93

コミュニティは、来日の時期や背景により日本での居住地域や生活様式が異なります（多言語化現象研究会編 2013）[1]。

2 多民族化と多言語化のもたらしたもの

2.1 移民による多民族化の影響

外国人が急増し、彼らとの日常的な接触を通じて見えてきたのは、住民としての存在です。今日ではコンビニや居酒屋での接客や工場のラインで日本人とともに働き、あるいは交通機関や商店の利用者として見かける彼らの姿に、20〜30 年前のように驚く人はあまりいないでしょう。1980年代以降、移民が当時必要とされた労働力供給の面で大きく貢献したことは知られていますが、日本の文化や生活様式、ビジネス活動の創出に刺激を与える契機にもなりました。また、第二次世界大戦後、活動の足場を長く日本にとどめることで停滞し、閉塞感を帯びがちであった文学や芸術、異文化観の分野でも、移民の参与が日本人の思考の活性化や発想の転換につながった例があります。

影響はそれだけにはとどまりません。住民としての移民の増加は国籍主義、単一文化主義の上に成り立っていた社会の規範や制度と摩擦を生じ、これらに大きな変革を迫ることになりました。国民年金、健康保険、児童手当などの受給や公立学校教員の採用の際の国籍条項の撤廃、学校におけるハラール給食（イスラム教徒の生徒に配慮した食材を使った給食）などの多文化対応に見られるように、全体として外国人を排除、あるいは制限してきた社会から、住民として処遇する方向に向かいつつあると言えるでしょう。

2.2 多言語化現象の諸相

日本社会の多民族化は、人々の日常的な接触を介して生じますが、移民

1 　同書の第 14 章「言語コミュニティ」（pp. 201-245）には、中国系、コリアン、ブラジル人、フィリピン人、スペイン語、ベトナム人などの各コミュニティについての解説が掲載されています。

とともに持ち込まれたことば（「移民言語」と呼ぶことにします）によっても日本社会は影響を受けています。これらは、かつて日本語のみで運営されてきた日本社会に、多くの移民言語が導入され使用されることで始まった、多言語化現象とも言える変化です。

〈見える多言語化〉

　1990年代以降、それまで日本語と装飾的な英語が大勢を占めていた都市の景観に、かつて目にすることのなかった韓国語や中国語、ポルトガル語の表示が見られるようになりました。多くはそれらの話者が集住する地域で起業した食品・雑貨店、レストランなどのエスニックショップの看板や広告でした。地域によってはベトナム語やタイ語、アラビア語のものもありました。それとともに商店や交通機関、街頭でもさまざまな地域からの移民を通じて移民言語を直接耳にし、それらが日本に生活語として定着し始めたことを人々は実感することができました。東京都新宿区北部の韓国語や中国語表示、群馬県大泉町のポルトガル語表示は、食品や生活雑貨から娯楽、医療、服飾などの幅広いビジネス活動と自己完結的なコミュニティの存在を暗示するものでした。

　公的な多言語表示も増えました。自治体の施設名や窓口案内、地図やごみの分別ガイド、また、交通機関では鉄道の駅名、行き先表示、切符売り場などに多言語の表示が2000年以降、急速に普及しました。これらは、移民が地域の住民として受け入れられ始めたことを示すものでした。多くのエスニックショップの店頭や店内で無料配布される移民言語による新聞や情報誌からは、移民による活発な経済活動とともにコミュニティの結束や社会基盤の構築を目指す意思が感じられました。このような多言語表示やメディア活動によって、働く移民たちと日本社会とのさまざまな関わりをうかがい知ることができました。

〈見えにくい多言語化〉

　多言語化現象はしかし、このような外面的な変化にはとどまりません。公的機関による多言語化は表示物だけではなく、役所窓口での通訳対応や

第7章　移民の言語使用と母語継承　**95**

生活、医療、労働など多言語相談の設置、さらに生活ガイドや各種登録の申請や手続き案内などの翻訳にも見られます。このような言語サービスや言語支援が多言語化したのは、あとで触れるように情報から孤立しがちな移民を、行政が住民として支援することへの社会的合意があったからでしょう。このような行政の多言語情報サービスは近年、欧米の移民受け入れ諸国とも肩を並べるレベルに達しつつあると言えます。

　上に見た日本の多言語サービスの動きは、移民言語を肯定的に受け入れ、各国で国語とみなされる主流言語との平等な共存を目指す多言語主義そのものではないかもしれません。特に第8章で考察する、公教育の枠内での移民言語教育の実現には、まだ理念上の障害があるでしょう。今後は多言語主義の理想を掲げて活動するNGOなど民間の運動とともに、移民言語を重視する「全ての移住労働者及びその家族の構成員の権利の保護に関する国際条約」（1990年採択・未発効）、「市民的及び政治的権利に関する国際規約」（1966年採択、1976年発効）などを取りこみながら、公的な移民言語教育の実現に向け、いかに展開できるかが期待されます。

〈多言語の意識化〉

　以上見てきたように、多言語化の流れは社会がそのような状況を受容し、さらに推進、支援しようとする過程まで含みうるということを確認しました。しかし、現象はさらに人々の意識にまで及ぶ可能性もあります。第二次世界大戦後、単一民族意識を鼓舞する教育が続き、さらに外国語との接触体験が乏しい中で、多くの日本人にとって、外国語は習得が困難で異質なものなので、それが壁となって外国人とは理解し合うことができないという意識が日本人の間で共有されることになりました。以前は相手が外国人と気付いただけで、日本語によるコミュニケーションさえ緊張したり回避しようとしたものでした。ときには英語の教師が極度の緊張から口ごもってしまうこともありました。その一方で、日本語は日本人の真髄であり、外国人には習得できない言語であるというような考えも日本人の言動には見られました。

　しかし今日、多くの外国語が移民たちにより日本社会で生活語として用

いられ、また公的、私的な言語表示や言語サービスが顕在化する中、かつては見られなかった多言語意識の発達が予感されます。移民との個人的、対面的な接触が増えたことで、彼らとのコミュニケーションを躊躇することは、特に若い世代ではあまり見られません。日本人の英語下手というイメージはしぶとく存在しますが、日本人の外国語能力の質や多様性は確実に伸びており、他方で生活語として、あるいは文学や専門職で日本語を駆使できる外国語話者は珍しくありません。このような変化を体験する中で、かつては外国人を前にして動かしがたい言語の障壁を感じ、日本語の世界に閉じこもってきた私たちの意識も、今次第に解放されつつあるのではないでしょうか。この背景にはビジネスや旅行、留学などによる外国語体験の増加も確かに存在します。それでも日本がもはや、民族、人種としての「日本人」により日本語だけで運営される社会ではないということは、言語、国籍、人種の境界線を曖昧にしている、いわゆるハーフや次世代の移民の子どもたちの増加によっても明らかになりつつあると言えるでしょう。

2.3 外国人自身の言語問題

　移民は日本にさまざまな影響を及ぼした一方、彼ら自身もまた問題に直面しました。なかでも言語問題は深刻でした。移民の言語問題は、彼らの日本語能力不足からくる情報弱者としての不便さと自言語維持の難しさに大別できます。ここでは日本語能力の問題について簡単に見ることにします。

　日本語能力の不足は、受け入れ社会である日本への適応に必要な情報の摂取を妨げ、最も重要な人的交流のためのコミュニケーションを難しくします。たとえば自治体でのさまざまな登録や申請手続きのほか、医療保険や行政サービス、就学、交通手段など生活情報の入手が困難になります。このような言語バリアの解消の一つの方策として、公的空間における表示や生活情報、行政のサービスが、主な移民言語で翻訳や通訳を介して提供され始めていることはすでに触れたとおりです。

　さらに深刻なのは、日本語能力不足が移民の日本での社会的上昇の機会

を奪ってしまうことです。日本での教育や職業訓練には日本語が不可欠ですし、ほとんどの職場では報酬の高さに応じて日本語能力が要求されます。しかし中高齢で来日した移民にとって、日本語を学ぶことは容易ではありません。

　中高齢者を含め、地域で居住する外国人のための日本語教育（地域日本語学習支援）は、1980年代の終わり頃から盛んになっています。移民が多い地域で夜間や週末に公民館などの場所を借りて行われることの多い日本語教室は、日本語学習だけでなく、移民と日本人との交流や情報交換の場ともなっています。しかし、移民は留学生などとは違って、日本語の学習を主な目的として来日しているわけではありませんから、仕事の合間に週に1回数時間学習する程度では、あまり大きな上達は見込めません。また、予算の乏しい、ボランティアが運営する教室ができる支援には限界もあります。

3 日本の移民言語

　以上、移民の増加に伴い生じた多民族化や多言語化のさまざまな現象を見てきました。以下では、日本ではどのような移民言語がどのように用いられ、継承されているかに焦点をあてて考察します。

3.1 日本の移民言語——話者数や能力把握の難しさ

　まず、日本で用いられている主な移民言語について、実際にどの言語が用いられているかに関してはっきりとしたデータは残念ながらありません。どの程度の能力があればその言語を使用していると判断できる基準自体が曖昧なため、海外では代わりに、母語や家庭語の自己申告やある言語を母語としていると想定できる出身国別人口を採用することがしばしば行われます。しかし、日本では全国にわたって言語ごとに母語話者数の統計がとられたことはありません。これは日本社会の移民言語についての関心の低さの表れでもあります。それを補うものとして、先に見た在留外国人統計の国籍ごとの登録者数、そして文部科学省が定期的に公表する「日本

98　　庄司博史

語指導が必要な外国人児童生徒」に関する統計の母語別児童生徒数（図2）などから推測することはできます。しかし、国によっては複数の言語が用いられていたり、移民の二、三世代ではすでに日本語に母語が交替した例も珍しくなく、実際の母語は容易には判断できません。

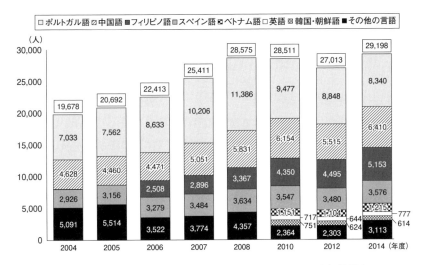

図2　日本語指導が必要な外国人児童生徒の母語別在籍状況

　また、統計に表れた国籍と母語の関係も一様ではありません。たとえば、「日本語指導が必要な日本国籍の児童生徒」の統計によれば、この子どもたちが使っている言語はフィリピン語、日本語、中国語、英語などとなっています（2014年度調査）。戦後長く中国にとどまらざるを得ず、1980年以降に帰国した人たちの多くも国籍は日本ですが、日常生活では中国語など日本語以外の言語を使っています。
　このように、国籍と母語の複雑な関係や統計の曖昧さを認めた上で、単純に移民が国家の主流語の母語話者と仮定した場合、ほぼ表1（p. 93）の順で、中国語、韓国語、フィリピン語、ベトナム語、ポルトガル語、ネパール語の母語話者数が並ぶことになります。数値に若干の修正を加えるなら、中国語話者数には台湾籍保有者、韓国語話者には統計上「朝鮮籍」

とされている人々も加わります。しかし一方で中国系、コリアンにはすでに母語が日本語に交替した二世以降も多く含まれており、その分移民言語の母語話者数は少なくなっているはずです。またフィリピンは公用語であるフィリピン語の土台となったタガログ語以外の言語も多く用いられており、フィリピン語母語話者数は国籍保有者より少ないことが推測されます。

3.2 | 移民言語の使用と継承

　移民言語は移民コミュニティにおいてどのように用いられており、どのような役割を果たしているのでしょうか。また移民の言語能力や言語継承の傾向から見て、日本における移民言語の維持は可能でしょうか。

　先に見たとおり今日 10 万人以上の規模を持つと推測される移民言語コミュニティは、中国語、韓国語・朝鮮語、フィリピン語、ベトナム語、ポルトガル語に見られます。出身地ごとに、日本各地である程度の規模を持つ集住地が形成されており、ブラジル人の場合は北関東や東海地方、中国系では東京都新宿区や横浜市、コリアンでは東京都新宿区や大阪市生野区などに見られます。

　これらの地域では、移民の生活上の需要の多くが自言語で満たされる場合が少なくありません。食品・雑貨店から旅行、通信、医療関連などの各種専門店や宗教施設まで移民言語で運営され、行政サービスもしばしば移民言語で提供されます。さらに移民言語での教育が行われる民族学校、外国人学校などが整っている地域もあり、これらではエスニックビジネスを中心とする経済活動からコミュニティ活動や家庭に至る広い領域で、移民言語の使用が見られ、話者の比較的高度な言語能力が維持・継承されていると言えるでしょう。

　しかし、このように自言語で自足的な生活が可能な移民言語コミュニティは、特定の言語や地域に限られています。小規模で分散する多くの移民言語コミュニティの場合、自言語使用は普通、家庭内、知人間、あるいはコミュニティ活動やエスニックビジネスにのみ見られます。さらに移民が世代を重ねると通常、母語としての言語能力は日本語へ移行するととも

に、移民言語の使用の場も家族や知人間に限られ、極端な場合には成人した二世代目には移民言語が継承されないケースも見られます。オールドカマーに属する中国系やコリアンの二世代目以降には、完全な日本語母語話者が多い所以です。今日、ニューカマー移民でも核家族の場合、共働きの両親とはほとんど移民言語でのやり取りをすることもなく、日本語社会に同化してゆく子どもたちが多く見られます。

とはいえ、小さい移民言語コミュニティでも、単独の家庭内で移民言語が用いられ、子どもたちもある程度の伝達能力を保持しているケースもあります。多くの場合、両親や祖父母が移民言語での家庭内コミュニケーションを維持していることによりますが、一般に移民言語への評価が低く、差別的な言動がとられることの多い受け入れ社会で、子どもに移民言語使用の動機を維持させるには周囲の強い意志と努力が必要です。

移民言語が生活語として活力を維持し、話者の言語能力や世代間継承が保たれるためには、何が決定的な要因になるか、容易な問題ではありません。大規模な自己完結的コミュニティの存在、あるいは宗教や文化、人種的偏見や差別による排除／自己隔離によるものでしょうか、それとも職業や低階層化による地域的・社会的な住み分けが移民言語を守るのでしょうか。いずれにせよ、移民言語の使用や継承は単に移民コミュニティの意志、あるいは受け入れ側（ホスト社会）の移民統合政策のみによって決まるものではないようです。

3.3 | 移民言語の役割

上に見たように、ホスト社会で生活する移民コミュニティにとって、自言語を使用し、継承を続けることは容易ではありません。出身国ではおそらく家庭、近隣や学校、職場など生活のあらゆる場で用いられていた移民言語が、家庭や知人間のことばとなり、移民の三世代目には自言語能力が維持されていないケースは珍しくありません。それでも日本語能力の十分でない移民一世をはじめ多くの移民にとって、自由に自言語でやり取りできる最後の場は、家庭や同郷の人が集まる限られた空間です。ここでは移民にとって移民言語が使用の場を縮小し、話者を失っていくことが何を意

味するか考えてみたいと思います。

　まず移民言語が通じないことは、日本語能力が十分でない人にとって単なる不便以上の社会的孤立を意味します。また移民言語話者の減少により、それを媒介とする地域コミュニティは存在基盤を失い、移民言語話者が中核となって支えた宗教や文化活動、場合によってはエスニックなビジネスも弱体化するでしょう。また、本国の親族や海外の同郷出身者との伝達の手段も失うことで、相互の連絡や帰国の際の不便も生じます。さらにエスニックコミュニティやその活動にとって移民言語が伝達性を失い、エスニックな象徴にとどまってしまうことは、移民個人にとってもコミュニティへの向心力や帰属意識の喪失にもつながる深刻な問題ともなりえます。移民言語へのこだわりは、メンバーの多くが母語能力を失ったオールドカマーや移民の二世代目以降にとって、容易に払拭できるものではありません。移民受け入れの歴史の長い国でも、子どもたちのための移民言語教育への希求が繰り返し見られるのはその表れでもあるでしょう。

4 おわりに

　この章で述べた社会の多民族化は、かつて単一民族社会を理想とし、また標榜していた日本にとって経験したことのない現象でした。移民の増加は日本社会の多言語化をもたらし、ほとんど日本語と英語だけに凝り固まった日本人の意識も変えつつあるように見えます。しかし、他方ではその多言語化のきっかけとなった移民コミュニティで、日本語使用に移行し、移民言語の維持が必ずしも容易ではなくなっているケースも少なくないことが分かりました。多言語化に向かって歩み始めた日本を、日本人にとっても移民にとっても住みやすく、心地よい社会にするために何ができるのかを考えていくことは、今後の大きな課題です。

ディスカッション・ポイント

[1]　身の回りで日本語以外の言語を聞いたことがありますか。それはどの

ような場面ですか。

② 日本人の排他的な外国語観、外国語意識を象徴するような言動にはどのようなものがありますか。

③ あなた自身、あるいは身の回りで多言語化を肯定的に受けとめる言語意識に気がついたことはありますか。

参考文献

庄司博史（2013）「多言語社会のとらえかた――いくつかの視点」多言語化現象研究会（編）『多言語社会日本――その現状と課題』三元社，pp. 11-28.

多言語化現象研究会（編）（2013）『多言語社会日本――その現状と課題』三元社

法務省（2017）「平成 28 年末現在における在留外国人数について（確定値）」
<http://www.moj.go.jp/nyuukokukanri/kouhou/nyuukokukanri04_00065.html>（2017 年 6 月 19 日閲覧）

本川裕（n.d.）「在留外国人（登録外国人）数の推移（毎年末現在）」Honkawa Data Tribune「社会実情データ図録」（データは、法務省「在留外国人統計（旧登録外国人統計）」より）<http://www2.ttcn.ne.jp/honkawa/1180.html>（2017 年 6 月 19 日閲覧）

文部科学省（2015）「「日本語指導が必要な児童生徒の受入状況等に関する調査（平成 26 年度）」の結果について」<http://www.mext.go.jp/b_menu/houdou/27/04/__icsFiles/afieldfile/2015/06/26/1357044_01_1.pdf>（2017 年 6 月 19 日閲覧）

第**8**章

移民の母語教育の現状と課題

庄司博史

移民にとって教育の対象となる言語は、主に二つ考えられます。まず一つは、受け入れ側の言語、多くは国語、公用語といわれる主流言語です。そしてもう一つは、移民の自言語である移民言語です。一般に受け入れ国家が移民に対して積極的に実施するのは前者の教育です。これは移民が受け入れ社会に適応し、また教育や就業により自立する上で重要な要素だからです。しかし、移民言語に対しては、基本的に国家が外来の人々の言語の使用や継承を公費で支援する根拠がない、あるいは国家の象徴とされる国語の存在の理念に反するなどの理由から、積極的には実施されていません。ここでは、このような、いわば逆境の中で希求される移民言語の継承について詳しく見ることにします。

1 移民の母語教育

1.1 自然継承される日本語、されない移民言語

　日本語は日本社会の中でさまざまな機能を与えられて運用されています。確かにかつて明治維新期、日本が近代国家へと移行しようとした際には、国語としての日本語形成に多大な努力がふり向けられました。今日、日本語は日本では大多数によって用いられ、次世代への継承も問題なく行われていて（日本語の乱れなど指摘されることはありますが）、話者が減少して消滅するといった危機にはさらされていません。日本語は自然に継

承されていると言ってもいい、圧倒的に有利な言語環境にあります。

　ところが移民言語の場合、話者数が極端に少ない上、自言語で自足的な生活が維持できる集住地域を持つ言語コミュニティは限られています。また英語など一部の言語を除き、移民言語自体への社会的評価は低く、話者への偏見があることも指摘できます。さらに移民言語の存在は、移民の国語学習を妨げるという意見もあります。このような事情が原因で多くの移民言語では、たとえ両親が母語話者であった場合でも、子どもは容易に日本語環境に同化してしまい、移民言語が自然に話せるようになるわけではありません。

1.2 移民の母語教育の必要性 ―― 言語継承の観点から

　日本では普通教育の中で、日本語が科目として学ばれ、授業の媒介言語として用いられます。しかし、日本語を母語として育った子どもたちは、すでに就学時には家庭や社会の中で日本語について基礎的な言語構造に関する知識や基本的語彙を習得しているのが普通です。国語教育は母語を磨く教育ではあっても、母語を獲得する教育ではないと言えるでしょう。

　それに対して、移民の子どもたちにとって移民言語を母語として獲得することは容易ではありません。第7章でも見たとおり、さまざまな理由から、移民言語と十分に接触することなく就学期を迎える子どもたちは少なくありません。家で多少の言語能力を習得している場合でも、限られた人々との接触では、表現力や語彙が十分に発達していない場合もあります。海外で移民がよく自嘲的にいう「台所ことば」（キッチンランゲージ）というのは、このように狭い家庭だけで通じる貧弱な言語能力を指します。また読み書き能力が十分伴わないのも、家庭だけで習得された移民言語に見られる特徴です。

　もちろん家庭で高度な母語能力を習得することも可能ですが、そのためには両親の非常に強い意志と努力が必要です。しかし、両親が労働や家事にほとんどの時間を費やす多くの移民家庭では、容易なことではありません。ですから、移民の子どもが社会で通用する最低限の言語能力を獲得するためには、学校や言語教室などでの体系的、計画的な学習（教室学習）

が必要となってきます。

1.3 「母語」の概念

　ここで、移民の子どもたちが学習の対象とする場合の自言語の呼称について考えてみます。この章では「移民の母語」という表現を用いていますが、ほかに「継承語」、「家庭語」、「民族語」、「コミュニティ言語」などが用いられる場合があります[1]。「母語」は一般的には、ひとが成長の過程で母親など身近な人を通じて最初に学ばれ、本人にとっては最も豊かな知的感情的表現の手段であり、さらに自己を同一化しやすいことばと理解されています。この章で移民の「母語」を用いるのは、コミュニティの象徴としての愛着とともに、本来の「母語」に近い、高い能力獲得を重視するためです。北欧のフィンランドやスウェーデンでは、外国語として移民言語が学ばれる場合と区別するために、参加する移民の子どもにもある程度の能力があることを前提として「母語」を用いています。それは「母語」という用語の持つ重さゆえです。

1.4 日本における移民の母語教育の形態

　日本における移民の母語教育の実施主体や形式については次の 2 で詳しく扱いますが、まず移民コミュニティによるものか、受け入れ社会が行うものか、さらに子どもたちが最初に移民言語に接触できる環境で育ったか否かにより異なります。母語教育の必要性に関する根拠の力点の置き場所も多様で、時代による変化もあります。現在まで母語教育のさまざまな実施主体があげてきた必要性は、以下のようにまとめることができます。

　（1）移民の民族的な文化や伝統を継承するため
　（2）移民コミュニティへの帰属意識の中核的象徴として
　（3）移民コミュニティ内部や出身母集団とのネットワーク保持のため
　（4）帰国した場合への備えとして

1　これらの違いについては、庄司（2010: 11-13）で解説しています。

（5）言語習得理論に基づき、移民言語の第一言語としての能力の確立を優先することで学習言語形成を促し、さらに第二言語としての日本語の習得を容易にするため

　これらのうち（1）と（2）は今日いずれの実施主体も重視しています。（3）と（4）は移民言語能力が保持されているコミュニティにとっては関心事ですが、（4）は帰国が現実的に予想される場合で、定住に傾くにつれ希薄になるでしょう。（5）は移民言語の基礎能力をすでに備えている子どもが、移民言語で第一言語能力をまず確立させることの有利性を主張する先験的な仮説に基づくものです。近年特にニューカマーの子どもたちに関わっている受け入れ社会の NGO などに見られる主張ですが、これが適用できるのは移民言語が日常的に使用され、子どもがそれをある程度習得できるような環境にあることが前提とされます。言い換えれば、母語が日本語に交替している場合には意味のない根拠です。

　母語教育を実現する際の要件としては、上にあげたような理由で母語教育を望む人々がある程度存在することが前提です。さらに当然のことですが、以下のような現実的な条件を満たす必要があります。

（1）設備、運営経費（学校、語学教室の維持、管理、教師などの雇用）
（2）母語教育を行う知識、技能、経験をもつ人材
（3）母語教育の教科書等の教材

　ただし、これらの条件は、個人、コミュニティ、公共団体など実施主体、支援の有無、目標などによって大きく変わります。

　どのような教育にも言えることですが、教育の目的や到達目標、教育実施計画や評価法などを含めた教育課程のほか、受け入れ社会によっては特に学校や語学教室など登録や許可の必要な場合もあります。

2 移民言語の母語教育の形態

　日本において、家庭から離れて教室学習として移民の母語教育を実施する形式は、実施主体は誰か、母語習得を直接の主要な目標とするか否か、ボランティアベースで運営されるか否かなどによって、さまざまなタイプに分かれます。ここでは実施主体をもとに次のタイプにまとめてみました。

2.1 │ 外国人学校、民族学校における母語教育

　移民にルーツを持つ子どもたちへの一般的基礎教育の一環として、本国における「国語」を教育する全日制の施設で、その言語は通常、授業言語としても用いられます。中国系の華僑学校の多くは 1900 年代初頭から、朝鮮学校は第二次大戦後、設立運営され、後者は現在小・中学校から、高校、大学校まで包括する学校制度を持ちます。朝鮮学校は児童生徒数の減少とともに、学校数も 1970 年代の 150 校から 2016 年現在では 63 校にまで減少しています《➡第 9 章参照》。ブラジル学校は 1995 年頃から北関東や東海地方のブラジル人集住地域において見られ始め、2008 年頃にはピークの 90 校近くに達しましたが、2016 年には 39 校にまで減少しました。ポルトガル語で授業を行い、ブラジルでの教育と連続性を維持することに留意していて、帰国後のブラジル社会への適応を第一の目標としています。近年注目されているのは、2005 年以降、IT 産業への進出に伴い増えたインド人のためのインド人学校、2013 年に新設されたネパール人学校です。

　こうした学校と少し異なり、日本にいる韓国人の子どもだけではなく、日本人にも韓国語や韓国文化理解の機会を提供しているのが駐日韓国教育院です。韓国人のための母語教育と日本人のための外国語教育としての韓国語教育をいっしょに扱っているのです。駐日韓国教育院は本国の教育部（日本の文部科学省にあたる）の海外機関で、日本には東京、大阪、福岡、仙台、長野など 15 ヵ所にあります。

2.2 移民コミュニティの自主的母語教室

　地域の移民コミュニティ、あるいは移民個人が自主的に行う小規模の母語教室です。関西ブラジル人コミュニティのブラジル語教室、兵庫ラテンコミュニティのスペイン語教室、神戸のベトナム人コミュニティのベトナム語母語教室、横浜のタイ人コミュニティのタイ語教室などがあります。元留学生や、同じコミュニティの大人や保護者が指導にあたっている教室が多く、多少報酬など受けとることがあっても基本的には営利事業ではなく、主に子どもの母語能力の向上を目標として始まったものが多いようです。地域の移民コミュニティの子どもたちの数や母語能力の保持度により教室の活力が左右されることがあり、母語話者の減少した教室では学校科目の補習授業も取り入れています。

2.3 NGO、国際交流協会による母語教育

　受け入れ社会の NGO や国際交流協会など自治体の外郭組織が、単独あるいは移民コミュニティとの連携で運営する母語教室です。教師は移民コミュニティ出身の母語話者として保護者や留学生が参加しています。いわゆる「多文化共生」などをスローガンに、地域のさまざまな外国人支援の一環として実施されるものが多く、外国人のための日本語支援教室が併設されている例も見られます。NGO が主体として運営するものとしては、神戸市、大阪市、八尾市、豊橋市、横浜市などで、国際交流協会が中心となる母語教室としては、豊中市、神奈川県、愛知県、可児市などで、1990 年代以降、断続的に実施されてきています。図 1（次ページ）は、八尾市の NGO「トッカビ子ども会」が作成したベトナム語の教材です。

　また、母語教室の開設だけではなく、兵庫県国際交流協会のように、ベトナム語、ポルトガル語、スペイン語、フィリピン語、英語、中文・中国語、韓国・朝鮮語、インドネシア語、タイ語の 9 言語の母語教材を Web サイトでダウンロードできるように提供したり、母語教育の研修会や講演会を行っているところもあります。

第 8 章　移民の母語教育の現状と課題

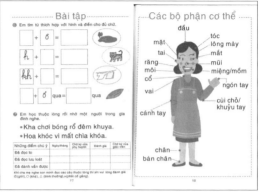

図1　ベトナム語教材作成委員会(編)(2007)『Tiếng Việt Vui』

2.4 公立学校における日本語指導の補助としての母語教育

　公立の小中学校において、日本語能力が十分でない児童生徒に対して行われている日本語指導の手段として、移民の母語が用いられるケースです。ニューカマーの子どもが学校で日本語能力の不足により直面する問題が深刻化するに伴い、文部省（当時）は 1991 年から公立学校における「日本語指導が必要な外国人児童生徒」の調査を行っています。当初、手探り状態であった日本語指導は今日、児童生徒数に応じて個別指導や、地域の中核になっている学校に集めて行うセンター校方式のほか、児童生徒を在籍クラスから取り出し「国際学級」や「日本語指導教室」などで集中して日本語指導や学習支援を行うシステムが整備されつつあります。そして、文部科学省は 2014 年度に日本語指導が必要な児童生徒を対象とした「特別の教育課程」の編成・実施を制度化し、児童生徒一人一人の指導計画の作成や学習評価を行うこととしました（文部科学省 2014）。日本語指導担当教員を中心に複数の教員が指導にあたりますが、必要に応じて児童生徒の母語による支援も行うことになっています。

　2014 年現在、日本語指導を必要とする児童生徒（29198 人）が在籍する小中高等学校は 6137 校で、24197 人（82.9％）が日本語指導を受けています。日本語指導や学習支援を日本語のみで行うことには限界があるこ

とから、子どもたちの母語能力を持つ教師や ALT（外国語指導助手）と
して移民言語母語話者を採用し、移民の母語を用いた教科指導も行われて
います。とはいえ、これらは移民言語を教えるための正式な授業ではあり
ません。建前上は、母語はあくまで日本語教育や一般授業を補助するため
のもので、体系立って移民の子どもたちに母語を教えるものではありませ
ん（小川 2002: 7-9）。実質的な母語教育と厳密に区別はできないとして母
語指導をするという外国人教員はいますが、一時的な母語指導の域を超え
るものではないのです。

2.5 公立学校における母語教育

　最後にあげるのは、母語教育を公教育の枠で行うケースです。経費の面
では自治体に国家が加わる場合がありますが、直接実施するのは一般に公
教育を地域で実施する自治体です。日本では原則として移民の母語教育は
公教育の対象にはなりませんが、近年実際にいくつかの事例が見られま
す。特例により政府の黙認下にあるか、自治体の独自の裁量で行われてい
ます。後者の場合でも、一部を除きあまり母語教育という看板は表に出さ
ず実施されています[2]。

　一例としてあげるのは、兵庫県教育委員会が運営する移民の母語教育
です。2006 年より 5 年間実施され、報告書が作成されています（母語教
育支援センター校等連絡会編 2009）[3]。この母語教室は週 1 度、放課後に 2
時間程、公立小中学校の施設を用いて移民を背景とする子どもたちを対
象に実施されました。神戸市を中心に兵庫県下 17 の小中学校においてセ
ンター校方式[4]で実施されました。対象となった移民言語は、スペイン語、
フィリピン語、中国語、インドネシア語、ベトナム語、ポルトガル語、韓

2　例外と言っていい例が大阪府の一部の高校で実施されている母語教育です。母語力を保持
　した生徒を対象に、正規の授業時間枠内で母語、第一言語として中国語、スペイン語、韓国
　語、タガログ語などが 2001 年度から教えられています（高橋 2013: 98）。

3　本事業が 2010 年度に終了したのち、2011 年度より神戸市の予算で、母語教育が神戸市
　内のいくつかの小学校で開始されています（落合 2012: 101）。

4　一般に外国人児童生徒への日本語支援教育で用いられている用語で、在籍校において支援
　体制が十分でない場合など、より整った近隣の学校に定期的に通わせる制度です。

第 8 章　移民の母語教育の現状と課題　**111**

国朝鮮語の7言語で、それぞれの母語話者が教師に採用されました。参加したのは、ある程度の運用能力を持つ子どもたちでした。同様の母語教育は大阪府八尾市でも行われています。いずれのケースも管轄する教育委員会の意欲が大きく影響していると考えられます。実質的に、先に述べた日本語指導教育の補助としての母語使用と重なる部分もありますが、母語教育として独立させたことの意味は少なくありません。

3 移民の母語教育の課題と展望

3.1 さまざまな問題

多様な形式で実施されてきた移民の母語教育は、長い歴史を持つ中華学校や朝鮮学校で60年以上、比較的歴史の浅い公的学校における母語教室で約10年、そのほかの形式による母語教育ではすでに20年近くの経験と実績を積み重ねてきました。その間、外国人学校や民族学校など、日本における移民言語の能力保持に大きな役割を果たしたものや、言語を介して子どもたちのコミュニティへの帰属意識の強化に貢献したものもありますが、いくつかの運営上の問題も生じています。

その一つは、母語教室に通う子どもたちの参加人数、出席者数の不安定さです。当初は十分な参加者をもって開始したクラスが、子どもたちのクラブ活動や他への関心で次第に小さくなるというのは、よくあることです。また、参加する子どもによって、そもそも母語学習の必要性をあまり感じていない、母語で友達と話したい、会話はできるので読み書きを学びたいなど、目的もさまざまです。その原因の一つに、当初掲げられた母語教育の役割の多くが、子どもたちにとっては当人の利益として現実性を持たないことがあるように思えます。

また母語教室への子どもの参加を支える保護者の経費や送迎の時間的負担も少なくないほか、モチベーションの低下は保護者にも見られます。保護者にとっては、負担に見合う母語教育の効果が明瞭に見えないと感じられるからかもしれません。実際に公立小学校で中国帰国者の子どもたちへの母語教育を調査した高橋は、週1回2時間程度の母語教育では、母語

の基礎のない子どもにはほとんど効果がないと述べています（高橋 2013: 96-97）。本格的な母語教育の歴史が長く、教育技術や評価法の整った民族学校とは異なり、公立学校での母語教室も含め、規模が小さく経験の浅い母語教育では、教育効果の検証や授業への反映は容易ではありません。

　日本における母語教育のもう一つの課題は、基本的に公的教育の枠外にあるということです。試行的に行われているケースはありますが、日本語以外を母語とする子どもたちの数に比べて実にわずかです[5]。公的教育に取り入れられることは移民言語の存在が社会的に認められるということで、移民言語の話者である子どもたちの自言語への自信が回復します。また体系的な教育が実施されることで、学習効果の客観的な判定が可能になります。そして何よりも個人やコミュニティ、NGO の負担に頼っていた運営の負担から解放されます。しかし、公的な母語教育の実現への合意は容易ではありません。移民言語の存在自体は認めても、母語教育への賛同は得がたいのが実情です。

3.2 母語教育の展望

　上で見た二つの問題は、実は密接に結びついています。先にあげた問題は、母語教育に参加する子どもたちのモチベーションが不安定であり、ほかの関心事に容易に左右されるということです。言い換えれば、彼らにとってより興味のある、現実的な目標があれば、母語教育への参加や出席への意欲も改善する可能性があります。残念ながら、**1.4** で見たように、現在母語教育の必要性としてあげられている根拠は、あまりにも抽象的な言語理論やコミュニティ中心的なもので、個人の現実的な利益や上昇欲を満たすものとは言いがたいように思えます。

　二つ目の、母語教育が公教育の対象外に置かれているという問題は、移民の母語の存在が、たとえ移民にとっては重要であったとしても、国家、

5　データはやや古いですが、筆者が 2005 年に移民の母語教育について調査したフィンランドでは、74 の自治体で 49 言語の母語教育を約 1 万 1000 人の子ども（基礎学校 1－9 年）に対して実施していました。対象となる移民の子どもたち約 1 万 7200 人のうち、ほぼ 63％が参加していたことになります（庄司 2012: 83）。

あるいは社会にとっては、あまり価値のあるものとは見られていないところに原因があります。もし移民言語の存在や言語能力が意味のあるものなら、公費で教育を支援するという考えも可能でしょう。しかし上でも見たように、母語教育の根拠は、コミュニティや移民個人に関わるもので、社会や国家の利益には直結しないものでした。

ここで二つの問題に対して注目すべき展開の糸口が、近年見え始めました。それは母語教育の目的との関連で、（1）移民言語と話者を今日の世界的潮流である多文化主義・多言語主義への取り組みの一環として採用していくこと、さらに（2）移民言語の社会的、個人的資産としての価値を積極的に認めることです。1980年代以降、移民の統合に多文化主義を採用したカナダやオーストラリアや北欧、ドイツなど一部のEUの国では、移民言語話者を多文化主義推進への好材料として学校などで活用し始めています。

一方の移民言語の資産化は、移民言語話者を通商や外交など実利的な分野で登用、活用するとともに、移民個人においては、さまざまな分野での活躍と自立を促すことになるでしょう。このような移民言語の経済的な分野での意義は、言語習得理論やコミュニティとの関係性に注目していた日本の従来の母語教育ではあまり議論されませんでした。ただし、今後どのような分野で移民言語の資産性が開発されるか、実利性が生じるか具体的な方向性はまだ明らかではありませんし、検証も行われていません[6]。さらに上にあげた多様な母語教育の運営上の問題が、資産性開発によりいかに解決されるかも不明です。資産性開発の論議が母語教育の今後の展開に影響することを期待したいと思います。

---

4 おわりに

この章では、主に移民の母語教育の必要性や実施状況について考察しました。今日、公教育では移民に対する日本語教育がはるかに優先されてい

6　庄司（2010: 37-40）では、言語の資産性を仮定的にコミュニティ内的・外的なものに分けて論じています。

ますが、移民にとって移民言語の継承と母語教育は重要な関心の対象です。日本では母語教育は移民当事者のものという見方が強く公的な支援には消極的です。このような中、移民言語の存在を社会的な資産として見直す動きがあります。その一つは、現在進行中の社会の多文化化、多言語化を世界的な流れと見て、移民言語の存在をそこへ取りこもうとする動き、もう一つは移民言語能力を社会的な資産として実利的、経済的な方向に活用しようとする動きです。特に後者は今日、日本が目指す世界戦略構想にも寄与できる可能性を持ち、移民の公的な母語教育への足がかりとなりうるでしょう。

また、移民言語を個人的な資産とみなせば、複数の言語を理解し、使用することのできる人間の育成に寄与することになります。ヨーロッパ評議会が20年ほど前から強力に推し進めている複言語複文化主義に基づく教育はヨーロッパ以外でも注目されており、世界の言語教育の一大潮流になりつつあります。こうした教育は異文化に対する寛容性や、多様性へのまなざしを備えた複眼的思考のできる人間を育てることになり、ひいては異文化摩擦の軽減にもつながり、世界の平和にも貢献することになるでしょう。

そうした意味でも、移民の母語教育は当事者だけではなく、受け入れ社会全体で考えるべきテーマです。まだ数はごく少ないですが、一部の高校で行われているように、移民の児童生徒のための母語教育と日本人のための外国語教育を同じ視点で捉え、同じ枠組みの中で行うことは、複言語話者を擁する多言語主義社会の実現に近づく重要な選択肢の一つと言えます。

ディスカッション・ポイント

1 移民の母語教育を行っている団体を Web サイトなどで探してみましょう。

2 移民言語は資産としてどのような価値があると思いますか。

3 移民の母語教育を公教育の枠組みで実現するには、どのような根拠が

必要だと思いますか。

参考文献

小川早百合（2002）「ニューカマーの子どもに対する日本語教育、母語教育、母文化保持教育」『群馬県太田・大泉の小中学校国際化の実態と求められる教員資質の総合的研究』1999 年－2001 年度科学研究費補助金研究成果報告書，pp. 1-22.

落合知子（2012）「公立小学校における母語教室の存在意義に関する研究──神戸市ベトナム語母語教室の事例から」『多言語・多文化──実践と研究』4, 100-120.

公益財団法人兵庫県国際交流協会（n.d.）「母語学習支援コーナー」<http://www.hyogo-ip.or.jp/mtss/>（2017 年 6 月 19 日閲覧）

庄司博史（2010）「「資産としての母語」教育の展開の可能性──その理念とのかかわりにおいて」『ことばと社会』12, 7-47.

庄司博史（2012）「移民の母語教育最前線──フィンランド」『季刊民族学』36(3), 66-86.

庄司博史（2013）「多言語社会のとらえかた──いくつかの視点」多言語化現象研究会(編)『多言語社会日本──その現状と課題』三元社．pp. 11-28.

高橋朋子（2013）「移民の母語教育」多言語化現象研究会(編)『多言語社会日本──その現状と課題』三元社．pp. 89-105.

多言語化現象研究会(編)(2013)『多言語社会日本──その現状と課題』三元社

駐日韓国教育院（n.d.）「駐日韓国教育院」<http://www.kankoku.or.kr/jp/>（2017 年 6 月 19 日）

ベトナム語教材作成委員会（編）(2007)『Tiếng Việt Vui』（冨田健次監修）特定非営利活動法人トッカビ子ども会

母語教育支援センター校等連絡会(編)(2009)「平成 20 年度　新渡日の外国人児童生徒にかかわる母語教育支援事業　実践報告書」母語教育支援センター校等連絡会

文部科学省（2014）「CLARINET へようこそ──「特別の教育課程」による日本語指導の位置付け」<http://www.mext.go.jp/a_menu/shotou/clarinet/003/1341926.htm>（2017 年 6 月 19 日閲覧）

第9章

在日コリアンの言語使用の実態と
その背景

生越直樹

> 　日本に住む外国人は年々増加しています。それに伴い、外国人の子ど
> もたちに対する言語教育、日本語教育だけでなく母語教育も問題となっ
> ています。問題解決のためには、その実態を知らなければなりません。
> そもそも、日本に住む外国人は、日常生活でどのようなことばを使って
> 生活しているのでしょうか。ここでは、在日外国人の言語使用状況の例
> として、在住者数の多い韓国・朝鮮籍の人（在日コリアン）の言語使用
> をとりあげ、その実態と背景にある要因について考えてみましょう。

1 はじめに

　日本に住む外国人が日常使っていることばは何か、と尋ねられれば、母
語と日本語、母語だけ、日本語だけ、という答えが浮かびます。また、ど
ういう人が母語だけなのか、両方使う人はどう使い分けているのか、な
ど、いろいろな疑問が浮かびます。移民受け入れの歴史がある欧米では、
第二次世界大戦後から移民言語の研究がなされてきましたが、日本で在日
外国人の言語使用が研究されるようになったのは 1980 年代頃からで、研
究の数はあまり多くありません。その中で比較的多く研究されている分野
が、在日コリアンの言語に関する研究です。

　日本に住む外国人は、2016 年末現在で約 240 万人、そのうち韓国・朝
鮮籍の人は約 49 万人、在日外国人としては、中国（約 67 万人）に次い

で2番目となっています。しかし、戦後から2000年代前半まで、在日外国人で最も多いのは韓国・朝鮮籍の人でした。ここでは、民族学校である韓国学校、朝鮮学校の生徒たちへの調査結果をもとに、在日コリアンの言語使用状況とその要因について考えていきます。

2 在日コリアンの状況

　まず、在日コリアンの状況について、簡単に述べておきます。在日コリアンは、日本に来た時期によって大きく二つのグループに分けられます。一つは、日本が朝鮮半島を植民地にしていた時代（1910〜1945年）前後に来日した人たちとその子孫で、オールドカマー（old comer）と呼ばれます。現在は、一世の多くは亡くなり、二世も高齢になり、三世、四世が中心となりつつあります。彼らはすでに長く日本で暮らしており、大部分の人は今後も日本で暮らすことでしょう。近年は国際結婚や帰化の増加、少子化の影響により、その数は減少傾向にあります[1]。

　もう一つのグループは、1980年代以降に仕事、留学、結婚などのために来日した人たちとその家族で、ニューカマー（new comer）と呼ばれる人たちです。この人たちは、今後も日本に定住する予定の人と、一定期間滞在した後、本国に帰国する予定の人とに分かれます。現在、オールドカマーとニューカマーの比率はおおよそ3対1で、オールドカマーが多い状況です。

　日本で暮らす外国人が自らの民族性や言語を保持し続けるためには、同じ民族が暮らすコミュニティが必要となります。在日コリアンの場合、オールドカマーによるコミュニティが大阪市生野区など各地にありました。しかし、徐々に人数が少なくなり、現在ではコミュティそのものがなくなっている場合もあります。一方で、ニューカマーは分散して住んでおり、地域的なコミュニティはあまりなく、東京の新大久保ぐらいです。居住地域が分散する中で、コミュニティの核となるのが学校です。在日コリアンを対象とした民族学校は、韓国系の学校（韓国学校）が6校、在日

1　在日コリアン、特にオールドカマーの歴史については、外村（2004）を参照してください。

118　生越直樹

本朝鮮人総聯合会（朝鮮総連）系の学校（朝鮮学校）が63校あります[2]。オールドカマーの子どもたちの大部分は日本の学校で学んでおり、民族学校に通う子どもは少数です。それでも民族学校は在日コリアンコミュニティの核として重要な役割を果たしています。

3 オールドカマーの言語使用

3.1 全体的な状況

　前節で述べたように、同じ在日コリアンでも、オールドカマーとニューカマーでは状況が異なるため、両者を分けて見ていきます。オールドカマーの言語使用状況に関しては、これまで生越（2005）、任（1993）らによってアンケート調査が行われ、以下のことが明らかになっています。なお、アンケート調査は使用意識を調べたもので、使用実態そのものではありません。その点に注意が必要ですが、全体的な傾向を見るには、有用な方法です。

（1）日常生活において韓国語をよく使う人・家庭は少ない。特に日本生まれの人やその家庭では、日本語だけを使うモノリンガル化が進んでいる。

（2）話し相手が本人より年上、あるいは親しいほど韓国語がよく使われる。

（3）私的でインフォーマルな場面よりも公的でフォーマルな場面で韓国語がよく使われる。特に日本生まれの人においてその傾向が顕著である。

（4）オールドカマーでは、韓国語は生活語としてよりはアイデンティティを確認する道具として、つまり、社交語として機能している。
（生越 2014: 5）

2　韓国学校のうち4校は、日本政府の小学校～高校としての認可を受けた学校（いわゆる一条校）で、これ以外の韓国学校と朝鮮学校は、各種学校としての認可を受け、独自のカリキュラムで教えています。

以上のことは、成人や中学・高校生を対象に行われたアンケート調査による結果です。これらの調査は、教会や民族学校を使って行われており、在日コリアンの中でも民族意識の強い人が調査対象になっていると考えられます。そういう人たちにおいても、日本語だけのモノリンガル化が進んでいるということは、在日コリアンコミュニティとの関係が薄い人たちでは、さらにモノリンガル化が進んでいると予想できます。

3.2 韓国学校の生徒たちの言語使用——オールドカマー

　では、日本語だけのモノリンガル化が進んでいる中で、韓国朝鮮語はどのような人がどのような状況で使うのでしょうか[3]。韓国学校の生徒を対象とした生越（2005）の結果をもとに、見ていきましょう。

　生越（2005）の調査は、2001年韓国学校のA学院で行われた言語使用意識に関するアンケート調査で、中学1年から高校3年までの生徒214名から回答を得ています。A学院は日本政府の認可を受けた中学・高校で、日本の学校と同じカリキュラムで運営され、授業も日本語で行われています。通常の科目以外に「韓国語」、「韓国の歴史」などの授業が設けられ、それらの授業は韓国朝鮮語で行われています。

　生徒の属性を見ると、両親とも日本生まれの生徒が47％、両親とも韓国生まれの生徒が26％で、多くはオールドカマーの子どもと見られますが、ニューカマーの子どももかなりいます。生徒自身の出生地は、日本が70％で韓国が30％でした。まず、日常生活での使用言語を尋ねたところ、図1のような結果が出ています[4]。

3　在日コリアンの母語は、「韓国語」「朝鮮語」「コリア語」などさまざまな名称で呼ばれています。また、この章で参照する論文でもさまざまな名称が使われていますが、ここでは統一して「韓国朝鮮語」と呼ぶことにします。

4　質問は五つの選択肢から選んでもらい、図1の「日本語多」「韓国語多」は、それぞれ「日本語の方が多い」「韓国語の方が多い」、「半々」は「韓国語と日本語が半々」という選択肢です。

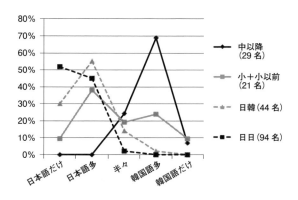

図1　日常使用言語と出生地、来日時期（A学院）

　図1では、回答者を中学校以降に来日した生徒（中以降）、小学校のとき、あるいは小学校以前に来日した生徒（小＋小以前）、本人が日本生まれで親が韓国生まれの生徒（日韓）、本人・親ともに日本生まれの生徒（日日）の四つのグループに分けて示しています。図1を見ると、韓国生まれの生徒は、来日時期が遅いほど韓国朝鮮語を多く使っており、日本生まれの生徒は親の出生地に関係なく日本語中心の生活をしていることが分かります。つまり、親の出生地よりも本人の出生地が使用言語に大きく影響していること、さらに来日年齢の影響も大きいことが分かります。

　図1から、日本生まれの生徒は韓国朝鮮語を日常あまり使っていないことが分かりました。では、彼らが韓国朝鮮語を使うのはどういう場合なのでしょうか。調査では、場面や相手によってどちらの言語を使うかも質問しました。日本生まれの生徒はほとんどの場面・相手で日本語だけを使っていますが、いくつかの場面・相手では、少し韓国朝鮮語を使うと回答しています。場面の中で韓国朝鮮語を使う割合が高いのは、「同胞の知った人に挨拶するとき」で、さらに「大勢の同胞の前で話をするとき」でも使う割合が少し高くなっています。このような場面で韓国朝鮮語を使うのは、お互いが同じ在日コリアンであること、同じコミュニティに属する者であることを確認するためだと考えられます。

　さらに、相手との関係では、祖父母、年上の親戚、友達、目上の人の場

合に韓国朝鮮語を少しだけでも使うと回答しています。年上、目上の人に使う理由は、相手が日本語をあまり話せないためとも考えられますが、一世でも多くの人が日本語を話せるので、それだけでは説明できません。インタビューなどで確認したところ、目上の人に対する礼儀として韓国朝鮮語を使っているようです。言語使用と礼儀が関係するのは、大変興味深い点です。また、友達同士で使うのは、韓国朝鮮語を少し交ぜながら話すのが仲間内の話し方になっているからでしょう。このように、オールドカマーの子どもたちにとって、韓国朝鮮語は生活のためのことば（生活語）というより、仲間であることを確認するためのことば（社交語）になっているのです。さらに、同じ傾向がニューカマーのうち、日本生まれや幼いときに来日した子どもたちにも見られることから、ニューカマーでも生活語から社交語へ移行する兆候があると言えるでしょう。

3.3 | 朝鮮学校の生徒たちの言語使用

在日コリアンが通う民族学校には、もう一つ朝鮮学校があります。朝鮮学校は全国に 63 校（2012 年現在）あり、日本で最も規模の大きい民族学校組織です[5]。幼稚部（1 年）から初級学校（6 年）、中級学校（3 年）、高級学校（3 年）、大学校（4 年）まであり、朝鮮総連の支援を受けています。各学校は同じカリキュラム、教科書で運営されており、各種学校扱いですが、内容的には日本の学校とよく似ています。通学する生徒はほとんどがオールドカマーの子孫で、生徒たちの第一言語は日本語です。多くの生徒は初級学校に通うようになって初めて本格的に韓国朝鮮語を学び始めます。学校では日本語を除く授業すべてが韓国朝鮮語で行われ、休み時間でも子どもたちは韓国朝鮮語で話しています。初級学校入学時には韓国朝鮮語がほとんどできなかった生徒も、2 年生になる頃には韓国朝鮮語を使って問題なく学校生活を送るようになります。学習言語を使って算数や社会などさまざまな科目を教えるシステムは、カナダで行われているイマージョン教育と似ています。教員は朝鮮大学校出身者がほとんどで、彼

5 　学校数は、朴（2012）によります。朝鮮学校の概要についても朴（2012）を参照してください。

らもまた朝鮮学校で韓国朝鮮語を学んだ人たちです。つまり、学校に韓国朝鮮語を第一言語とする人がほとんどおらず、ノンネイティブの教師がノンネイティブの生徒に教えているわけです。このような教育体制はほかの民族学校には見られず、朝鮮学校のみが持つ特徴です。ただし、これは意図的に行っているものではなく、その背景には北朝鮮（朝鮮民主主義人民共和国）との人的交流が自由にできないという政治的要因があります。

　朝鮮学校の生徒の言語使用の状況については、これまであまり詳しい研究がありませんでしたが、近年少しずつ行われるようになりました。ここでは朴（2013）、李（2013）の調査結果をもとに、生徒の言語使用状況について述べておきます。朴（2013）は、朝鮮学校の生徒や朝鮮学校に関係する成人など804名に行ったアンケート調査の結果を報告しています。家での韓国朝鮮語使用の割合を尋ねた結果は、表1のようになります。ここでは、中級学校生徒と高級学校生徒の回答だけをあげておきます。

表1　家庭の韓国朝鮮語使用の割合（数値は％）

	80％以上	50％程度	20％以下	ほとんど0
中級学校生徒（16名）	0.0	0.0	43.8	56.3
高級学校生徒（124名）	0.8	9.7	42.7	46.8

（朴（2013）のデータを表に変更）

　表1のように、大部分の生徒が家での使用率が「20％以下」か「ほとんど0」と回答しています。別の質問で、父母が韓国朝鮮語が分かるか否かを尋ねており、中級学校、高級学校の生徒たちはいずれも100％近く、父母は韓国朝鮮語が分かると回答しています。つまり、生徒本人も両親も韓国朝鮮語ができる状況でありながらも、家ではあまり使われていないわけです。同様のことは、李（2013）でも指摘されています。ある中級学校の生徒14名にアンケート調査を行った李（2013）によると、学校ではほぼ全員が韓国朝鮮語を多く使うと回答したのに対し、家ではほぼ全員が日本語を多く使うと答え、そのほかの場所でも多くの生徒が日本語を多く使うと回答したそうです。これらの結果を見ると、朝鮮学校の生徒たちに

とって、韓国朝鮮語は日常生活全般で使う言語というより、学校で使う言語なのかもしれません。さらに、朴（2013）では学校以外で韓国朝鮮語を使う場面、場所を尋ねています。その回答を見ると、相手は親戚、目上・年上の人、先輩、場所は結婚式、集いの場、公式的な場という回答が見られます。李（2013）の調査でも、同級生や下級生より上級生や先生により多く韓国朝鮮語を使う傾向が見られます。同じ傾向は韓国学校の生徒にも見られました。目上・年上の人、公的な場で韓国朝鮮語を使うのは、オールドカマー全体の傾向と見られます。

4 ニューカマーの言語使用

4.1 全体的状況

オールドカマーに比べて、ニューカマーに関する調査はあまり多くなく、最近少しずつ行われるようになりました。生越（2014）は韓国学校の生徒への調査から、次のような点を指摘しています。

（1）ニューカマーでは、韓国語が生活語として機能している。

（2）日常の言語選択において、本人の出生地、さらに来日時期、親の出生地が大きな影響を与えている。親が韓国生まれでも本人が日本生まれなら、日常生活で日本語を使うことが多くなる。また、来日時期は、小学校入学以前か以降かが言語使用にかなり影響を与えている。

（3）小さいとき来日したニューカマーは、韓国語をよく使う場面や相手がオールドカマーと似ている。　　　　　　　　（生越 2014: 5-6）

このほか吉田（2007）は、やはり韓国学校の生徒への調査から、ニューカマーの生徒の日本語使用率に関して、学校の種類、学習年数、第二言語能力、滞日年数という属性が関連していることを指摘しています。

4.2 韓国学校の生徒たちの言語使用―ニューカマー

第3節では、オールドカマーの生徒が多い韓国学校の調査結果を見ました。今度は、ニューカマーの生徒が多い韓国学校で行われた調査をとりあげ、もう少し詳しく言語使用状況を見てみましょう。

生越（2014）の調査は、韓国学校の一つであるB学校で行われたもので、B学校は韓国（大韓民国）の教育課程に沿ったカリキュラムで教育が行われ、授業も基本的に韓国朝鮮語で行われています。日本の教育課程に沿っていないので、正式な中学・高校としては認可されず、各種学校になっています。このような背景から、この学校にはニューカマー、特に親の仕事の関係で日本に滞在する子どもたちが多く通っています。

B学校でも、A学院と同じく言語使用意識に関するアンケート調査を行い、中等部1年から高等部2年までの生徒354名から回答を得ました。両親あるいは片方の親が韓国生まれの生徒が約9割で、ほとんどがニューカマーです。さらに、韓国生まれの生徒の88%が日常生活で韓国朝鮮語を半分以上使っていると答えています。つまり、この学校の生徒は、日常語として韓国朝鮮語を使っているということです。では逆に、生徒たちはどういうときに日本語を使っているのでしょうか。

A学院の調査と同じく、場面による使用言語を尋ねたところ、図2（次ページ）のような結果になりました。図2は場面ごとに、その場面で韓国朝鮮語を多く使うと答えた人の割合を示したものです。図では韓国生まれの生徒を小学校以前に来日した人（小以前）、小学校の頃来日した人（小）、中学校以降に来日した人（中以降）の三つのグループに分けて示しています。

第9章　在日コリアンの言語使用の実態とその背景　**125**

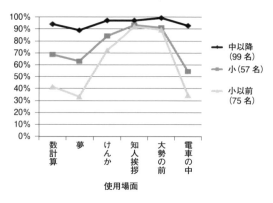

図2　場面と使用言語
韓国朝鮮語を多く使う生徒の割合（B学校　韓国生まれの生徒）

　図2のように、「中以降」のグループは場面に関係なく韓国朝鮮語を使いますが、ほかのグループは、場面によって韓国朝鮮語を使わない、つまり日本語を使う生徒がいます。来日時期が早いグループほど数値が下がっていますから、来日時期が早いほど、日本語を使う生徒が多いということです。興味深いのは、「韓国の知った人に挨拶するとき」（知人挨拶）、「大勢の韓国人の前で話をするとき」（大勢の前）の場面では、どのグループも韓国朝鮮語を使う割合が高いことです。この結果は、先ほど述べたA学院の日本生まれの生徒とよく似ています。日本に来た時期が大きく異なるオールドカマーとニューカマーで同じ傾向が見られることから、自分たちの言語を使うことで、同じ民族であることを確認する行為は、長い期間維持され、また広い範囲で行われていると見られます。これは、民族の言語がどういう部分で残りやすいかを考える上で重要です。
　さらに、相手と使用言語の関係を見ると、家族では兄姉・弟妹＜父母＜祖父母の順に韓国朝鮮語の使用が多くなります。ニューカマーの祖父母や父母は日本語ができない可能性があるので、これは相手の言語能力が関係しているのでしょう。兄姉・弟妹は日本語ができるので、韓国朝鮮語だけでなく日本語も使ってコミュニケーションしているようです。家族以外では、オールドカマーのように、年上・目上の人に対して積極的に韓国朝鮮

語を使う傾向は見られませんでした。最近来日した生徒では、韓国朝鮮語の使用と礼儀の関係は明確ではなく、日本で生まれた人の間でのみ生じている傾向かもしれません。

このほか、A学院とB学校の調査結果で一致しない点もありました。B学校では、友達と親しくない人を比較すると、親しくない人に韓国朝鮮語を使う傾向がありました。一方、A学院では友達のほうに韓国朝鮮語を多く使っていました。この違いはどこから来るのでしょうか。B学校では、学校内で韓国朝鮮語が多く使われているのに対し、A学院では日本語が多く使われています。つまり、両校の生徒とも親しくない人には学校で通常使われていることばで話し、友達とは韓国朝鮮語と日本語を交ぜて話しているのです。生徒の使用言語選択において、学校内の共通言語は重要な要因となります。吉田（2007）は、学校の種類（日本政府が認めた小学校〜高校か、各種学校か）が第二言語能力や言語の使い分けなどに影響していることを指摘しています。

最後に、この章では触れられませんでしたが、在日コリアンが実際に使っていることばの分析も少しずつ行われています。韓国朝鮮語と日本語が組み合わさった「シクサ（食事）する」などの表現が在日一世や留学生に見られるのに対し、韓国学校のニューカマーの生徒ではそのような表現の使用があまり見られないこと（朴2003）、韓国学校のニューカマーの生徒では、来日時期が早くなるにつれコード・スイッチングのタイプが変化すること（吉田2005）などが明らかになっています。

5　おわりに

ここでは在日コリアンの言語使用状況を、これまでの研究結果を通して見てきました。ここで示した特徴は、ほかの在日外国人や外国の移民集団にも共通する点が多いはずです。今後はほかの集団の結果と比べながら、移民の言語に共通する特徴と個別の特徴を明らかにしていく必要があります。また、移民の使用言語は三世代程度で従来の母語から現地の言語に移行すると言われています。在日コリアンの場合もそういう傾向が見られま

すが、最近はニューカマーが加わり続けているので、移行の様相は単純ではないでしょう。また、韓国学校に通う生徒たちは、韓国朝鮮語ができることが自分たちの将来にプラスになると考えており、このような意識も日本語へのモノリンガル化を防ぐ要因になるでしょう。

　在日コリアンは、長い間就職や結婚などの差別に苦しんできました。以前より状況は改善されていますが、現在でも在日外国人を代表する集団として外国人排斥の標的となることもしばしばです。にも関わらず、在日コリアンの親が子どもたちを民族学校に通わせ、言語・文化を学ばせているのは、なぜでしょうか。また、日本は彼らに対して何をすべきなのでしょうか。日本に住むなら民族文化を捨てて同化しろと迫るのか、お互いの文化を尊重することを選ぶのか、多くの外国人が日本に住む時代になった現在、在日コリアンに限らず、在日外国人とどう向かい合うかは、日本にとって喫緊の課題となっています。

ディスカッション・ポイント

1. 在日コリアンの親は、なぜ民族学校に子どもを通わせ、民族の言語や文化を学ばせようとするのでしょう。
2. 日本にはさまざまな民族学校・外国人学校などが設置されています。それらの学校でどのような言語教育がなされているのかを調べ、その目的と効果について考えてみましょう。
3. 日本にある民族学校・外国人学校に対して、国や自治体、教育機関などはどう対応すべきでしょうか。さらに、外国からの移民に対してはどのような態度をとるべきでしょうか。

参考文献

生越直樹（2005）「在日コリアンの言語使用意識とその変化──ある民族学校でのアンケート調査結果から」真田信治・生越直樹・任榮哲（編）『在日コリアンの言語相』和泉書院，pp. 11-52.

生越直樹（2014）「在日コリアン生徒の属性と使用言語の関係──韓国学校でのアンケート調査をもとにして」『社会言語科学会』17(1), 4-19.

外村大（2004）『在日朝鮮人社会の歴史学的研究——形成・構造・変容』緑蔭書房

任栄哲（1993）『在日・在米韓国人および韓国人の言語生活の実態』くろしお出版

朴浩烈（2013）「ことばの使用率と使用場面、「環境」から考察する在日コリアンの言語生活」『社会言語科学会　第31回大会発表論文集』150-153.

朴三石（2012）『知っていますか、朝鮮学校』（岩波ブックレット）岩波書店

朴良順（2003）「日本語・韓国語間のバイリンガリズムとコード・スイッチング」任榮哲（編）『韓国人による日本社会言語学研究』（真田信治監修）おうふう．pp. 183-200.

吉田さち（2005）「二言語の能力とコード・スイッチング——韓国系民族学校の高校生を対象として」『社会言語科学』8(1), 43-56.

吉田さち（2007）「韓国系民族学校における社会的バイリンガリズム」『言語情報科学』5, 241-257.

李在鎬（2013）「在日朝鮮学校の学生たちの言語使用——ドメイン別の日本語・朝鮮語の使い分けを中心に」『社会言語科学会　第32回大会発表論文集』152-155.

第10章

観光における多言語事情

山川和彦・藤井久美子

　観光地だけではなく、思いもよらないところに突然外国人旅行者が押し寄せ、英語ができないから困るという話をよく耳にします。外国人というと「英語」と無意識に思ってしまいますが、日本を訪問する旅行者の多くはアジア圏から来ています。街中の表記も一様に中国語や韓国語を併記するようになってきました。観光地では Web サイトを複数の外国語で作成することも珍しくなくなりました。一方で、自動翻訳アプリの精度向上も図られ、旅行者の利便性を高める創意工夫が至るところで観察されます。このような観光と言語を取り巻く現状はどうなっていて、そこにはどのような課題があるでしょうか。この章では、観光に焦点をあてて多言語事情について考えてみます。

---

1 はじめに

　観光と言語は比較的結びつきが強いと思われがちです。ところがこの分野に関する研究は必ずしも多くはありません（Cohen & Cooper 1986；加藤 2014；藤井 2014；山川・温 2015 など）。それは観光の特性が関係しているからなのかもしれません。観光客は滞在期間が短く、その場の状況やツールに依存することもできます。たとえば買いたい商品のメモを見せたり、写真付きのメニューを指差したりすることで、旅行者は希望を実現していきます。また、ホテルのチェックインではパスポートを出すなど

旅行者の経験から行動が類推できることも多くあります。団体の場合には添乗員やガイドへの依存もあり、ことばの問題を感じないことも多いようです。そして訪問先が多くなれば、訪問先の地域の言語を学習するのではなく、共通語と意識されている英語で乗り切ってしまおう、という気持ちも生じてきます。そもそもが「遊び」要素がある観光に行くのに、わざわざことばの勉強をしないことのほうが普通かもしれません。このような観光の特性がある中で、今日の日本では一種の「多言語化」ブームと言えるほどの現象が見られます。以下、訪日外国人の動向を視野に入れながら、観光政策、外国人旅行者を迎え入れる現場の状況（接触場面）、身の回りにある表示（言語景観）をとりあげながら、観光と言語の課題を示していきます。

2 訪日外国人旅行者の状況

　今日のインバウンド[1]ブームは、2003（平成15）年1月、当時の小泉首相が施政方針演説の中で観光立国について言及したあたりから始まってきたと言えるのかもしれません。表1（次ページ）は、日本人の海外旅行が自由化された1964年（東京オリンピックの年）からの出入国統計です。日本人の海外旅行ブームが進展する中で、小泉元首相が訪日外国人の少なさを指摘した2003年の外国人入国者数は521万人でした。その後、施策もあって2015年には日本人の出国者を上回り、2016年末の2400万人にまで増加しています。このような急激な旅行者の増加に対し、対応の遅れが観光分野での課題となっているわけです。

　訪日外国人の出身地域は、2016年は多いほうから順に中国、韓国、台湾、香港、アメリカ、そしてタイと続きます（日本政府観光局［JNTO］統計）。上位3ヵ国・地域は順位の入れ替わりがある年もありますが、この数年で見ると大きな変化はなく、2016年では中国、台湾、香港で入国者の51%、韓国を入れると72.6%が東アジアからの旅行者ということに

1　Inbound.　旅行業界では日本にやってくる外国人旅行者のことを指します。

第10章　観光における多言語事情　**131**

なります。なお、一口に中国語圏（中国・台湾・香港）の観光客といっても、使用する中国語には少し差があります。特に文字には、主として、中国（中華人民共和国）の人々が使用する簡体字と、台湾の人々が使用する繁体字とがあり、字体が異なります。

表1　年別訪日外客数、日本人出国者数の推移

年	訪日外客数	日本人出国者数
1964	352,832	127,749
2003	5,211,725	13,296,330
2014	13,413,467	16,903,388
2015	19,737,409	16,213,789
2016	24,039,700	17,116,420

日本政府観光局（JNTO）資料による

　外国からの旅行者の誘致は、日本政府観光局や自治体が促進地域を定めて行っています。その宣伝活動や航空路線などの関係もあって、日本で宿泊する外国人の出身地域と分布にはばらつきが見られます。2015年の外国人の延べ宿泊者数は、東京都、大阪府、北海道の順で多く、この3都道府で約50%を占めています。そして、九州では韓国、東北では台湾からの旅行者が多いという傾向が見られます。当然このような外国人の傾向は、後述する観光情報の発信や言語景観に影響を及ぼします。

3　観光政策と言語

　訪日外国人に関しては、誘致から接遇に至るまでさまざまな政策が実施され、その中には言語に関する案件も含まれます。まず、戦後に通訳案内業法（1949年）、国際観光ホテル整備法（同年）が制定されます。後者には、部屋の様式、外国語能力を有する外客接遇主任者[2]などが規定されています。そして1963年には「観光基本法」が定められ、その中では「外

2　1993年の改正により規定されました。

国人観光旅客の来訪の促進」、「接遇の向上」などが掲げられています。時を経て外国人旅行者も増加してきた1997年には「外国人観光旅客の旅行の容易化等の促進による国際観光の振興に関する法律」（外客来訪促進法）が制定され、外国人旅行者が国内旅行を容易にできるように、公共交通事業者に外国語による情報提供を求めることや地域限定の通訳案内士制度が定められています。

　先に記した小泉元首相の施政方針演説を受けて、2008年になると観光庁が誕生し、観光立国を目指し「住んでよし、訪れてよしの国づくり」を政策スローガンに掲げました。そしてインバウンドの誘致活動としては、日本政府観光局（JNTO）や地方自治体、旅行関連業者が国外で行われる国際旅行博でのプロモーション、国外メディアの招致などを行ってきました。

　2007年には、観光基本法を全面的に改めた「観光立国推進基本法」が施行されます。この基本法には、観光が日本の重要な政策の一つであること、国際競争力のある観光地づくり、人材育成などが記載されています。

　さてここで、通訳に関する施策をもう少し詳しくとりあげてみます。日本国内で報酬を得て外国人に通訳案内をするためには、通訳案内士の資格を得なければなりません。この資格では、語学力だけでなく日本の文化、社会事情などに関する知識も問われます。すでに述べたように訪日外国人の多くが東アジアから来ているにも関わらず、通訳案内士の登録者は英語に偏重しています。そして試験科目は、英語、フランス語、スペイン語、ドイツ語、中国語、イタリア語、ポルトガル語、ロシア語、韓国語、およびタイ語となっていて、東南アジア諸国の言語はタイ語のみです。

　先に示した外客来訪促進法に規定された地域限定通訳案内士制度では、外国語の種類に関して都道府県知事が公示することになっています。この制度は6道県で実施されましたが、現在では沖縄県のみで、外国語科目は英語、中国語、韓国語の三言語だけとなっています。さらに通訳案内士の不足を解消するために、2012年には特例通訳案内士制度（特例ガイド）が導入され、法的に認められる特定の地域で、研修による認定がなされています。2017年1月時点で20の地域で地域事情に応じた特例ガイド研

第10章　観光における多言語事情　**133**

修が運用されています。研修を受けた登録者数が最も多いのは沖縄県です。東京都の場合には都内タクシー、ハイヤードライバーで TOEIC 600 点相当の語学力を有する者を対象として、特例通訳案内士研修を行っています。九州アジア観光アイランド総合特区では、中国語、韓国語、タイ語を、札幌特区通訳案内士の場合は、英語、中国語、韓国語、マレー語、タイ語、ヒンディー語を対象言語としています。

　観光政策は行政だけが行うものではありません。観光協会や宿泊施設などの Web サイトを見ると、多様な言語が使われていることが分かります。たとえば群馬県みなかみ町にある温泉宿泊施設 A では、Web サイト情報が日本語とベトナム語で書かれていますし、同じ町内の宿泊施設 B では、英語、タイ語、中国語（簡体字）、中国語（繁体字）、韓国語で書かれています。このような多言語表示をするのは、その法人の戦略と関係しているわけです。

4 コンタクト・ゾーン [3]

4.1 観光場面でのコンタクト

　旅行者と受け入れ側との間には、さまざまな「やり取り」が生じます。日本では多くの場合、ホスト（日本人）のゲスト（外国人旅行者）への歩み寄り、もてなしという行動が見受けられます。そのために、外国語による表記を併記したり、アナウンスを加えたりするわけです。ホストは外国人旅行者の受け入れを通じ、多言語の表示やメニューがあったほうが問題が少なくなるなどの学びをしていきます。このような問題の回避を行うことを事前調整と言います。英語や中国語などの手書きで書かれた掲示があるような場合には、それに至る体験があったわけです。ちなみに、観光場面では、ホスト側がゲストの言語、あるいは英語の簡略化された言い回しで話をすることがあり、これを「ツーリスト・トーク」と呼んでいます。

　観光場面での発話は、場面に依存することが多く、臨機応変な対応がな

3　ここでは、外国人旅行者（ゲスト）と受け入れる日本人（ホスト）がやり取りする場面のことを指します。

134　山川和彦・藤井久美子

されます。たとえば道案内では、方向を手で指すことや、「地図を持って
いますか」と聞いて持っていれば印をつけてあげることで、対処すること
もできるでしょう。

　外国人とのコミュニケーションで問題になるのは言語だけではありませ
ん。むしろ文化的、社会的習慣の相違が、ホストとゲストの関係に大きな
ストレスとなることもあります。「トイレの使い方や食べ物のカスを床に
捨てるなど食事の習慣の差に困った」というホストからの声はよく耳にし
ます。一方、ゲスト側も旅行先での習慣を学習することで、問題を事前に
回避するようになっていきます。

4.2 ニセコ圏と石垣島

　次に特徴的な観光地の状況を二つとりあげてみます。一つ目は北海道ニ
セコ圏です。ここは、1990 年代にオーストラリア人が流入し事業を立ち
上げていきました。初期のオーストラリア人の中には日本語を話し、日本
人と結婚する人もいました。彼らの情報発信で 2000 年頃からウィンター
スポーツを楽しむオーストラリア人が増加し、その後、香港、シンガポー
ルからの旅行者が続くことになります。それに合わせ、地域で英語化が見
られます。スキー場エリアでは、日本語表記がない商店や外国人店員が勤
務する店舗も少なくありません。

　スキー場近くには、飲食店、小売店が少ないことから、旅行者は、地域
住民の生活圏である市街地へ出ていくことになります。その結果、市街地
が、外国人旅行者と地域住民のコンタクト・ゾーンとなります。オースト
ラリア人旅行者が増加し始めた頃は、ネット回線を利用した通訳を行った
り、翻訳アプリで対応するなどして、コミュニケーションをとる努力がな
されていました。旅行者のニーズがある店舗では、表記の英語併記が進み
ました。スーパーマーケットを利用する外国人も多く、英語能力のある店
員を採用しているところもあります。外国人の増加は、地域の運営にも変
化を及ぼします。ニセコ町では外国人職員も勤務していますし、2011 年
にはインターナショナルスクールも開校しました。また、英語がプル要因
となって国内移住者や季節的なアルバイトも増えています。今後は、世界

第 10 章　観光における多言語事情　**135**

に展開するホテルチェーンが開業する予定で、地域のグローバル化がいっそう進むと思われます。その一方で、英語化が進展することで、英語とは無関係であった地域住民の生活に影響を与えることもあります。英語が負担になって宿泊関連の仕事を辞める人もいます。

　次は沖縄県石垣島の事例をとりあげてみましょう。石垣島には 1997 年以来、定期的に台湾を中心に大型クルーズ船が入港しています。多いときには 2000 人規模の旅行者が一度に上陸することになります。クルーズの特徴は、日帰り客ということで、午前中に入港、夕方から夜にかけて出港となります。したがって、短時間に集中して観光行動を行います。中国語を話すガイドが案内するバスツアーに参加する人もいれば、タクシーで個人行動をする人もいます。もともと石垣島は台湾との行き来があったこともあり、台湾からの旅行者は外国人と思わない島民も多いようです。とはいえ、特に中国語による接遇は必要になりつつあり、石垣市は観光産業の従事者向けに観光人材育成の一環として語学研修（中国語、英語、韓国語）を行っています。特にタクシーの運転手にとって中国語はトラブルの事前防止、接遇向上の目的で重要視されています。また、地元高校の商業科観光コースでは、中国語と英語の授業をほぼ同等数、1〜3 年まで開講しています。クルーズ船旅行者に対して接遇実習を行うこともあり、観光地ならではの実践的教育がなされています。

　なお、沖縄県は外国人接遇のために、「多言語コンタクトセンター」（英語、中国語、韓国語、タイ語）を設置したり、観光場面ごとの接遇実践例のビデオを Web サイトにアップしたりと、積極的に活動しています。石垣島でもこれらを活用する人たちもいます [4]。

4.3 多言語化と日本語

　IT 技術の発展、企業戦略などの観点から、人的業務の機械化が観光分野でも生じています。長崎県ハウステンボスにあるホテルでは、フロント業務を無人化しました。英語、中国語、韓国語による文字または音声入力

4　「沖縄インバウンド net.」<https://www.visitokinawa.jp/oin/> 参照。

により、チェックイン、チェックアウト業務を行っています。また、国内の航空会社 A は、預け入れ荷物の受付を一部の空港で機械化しました。ほかにも鉄道会社の券売機、ATM やスーパーマーケットの精算機でも日本語以外の言語の選択ができるようになっています。このような例は国外でもあります。ドイツの大手航空会社では、チェックイン画面で、EU 諸国の主要言語に加え、日本語などのアジア系言語の選択が可能です。といっても操作開始画面はドイツ語で書かれていますので、その中から地球儀マークと「Weitere Sprachen」（その他の言語）と書かれたアイコンを見つけ、日本語があるのではという勘と、機械の操作の慣れが必要です。

　先ほど、日本に入国する半数近くが中国語圏であるにも関わらず、観光分野ではまず「英語」という考え方が一般的だと書きました。そもそも、英語あるいは外国語で接遇するのが常に好ましいのでしょうか。たとえば日本に関心があり、日本語を少しでも勉強した人の中には、日本語を話してみたいという人もいるはずです。また、日本語も観光対象の日本文化の一部であると考えれば、日本語による接遇もあり得る、ということになるでしょう。旅行者が分かりやすい日本語を意識して使うのもおもてなしの一つかもしれません。「『やさしい日本語』でおもてなしをしよう！英語でなくて、いいんです」という試みも始まりました（やさしい日本語ツーリズム研究会 2016）。

5　言語景観

　駅や街中にはさまざまな表示や看板などがありますが、これらの中には、日本語とともに外国語が併記されていたり、あるいは、外国語だけで書かれたりしたものが見られます。こうした、公共空間で目にする書きことばを「言語景観（linguistic landscape）」と呼びます。

　日本の言語景観には、注目すべき要素が三つあります（庄司・バックハウス・クルマス編 2009: 9-10）。一つ目は、1960 年代から一部地域の看板などで顕著に見られた英語を含む西洋言語の使用です。これは日本人を対象とした装飾的な外国語使用で、言語景観の「西欧化」と言うことができ

ます。二つ目は、1980年代に入ると、増加する外国人のための多言語表示が出現するようになり、言語景観の「国際化」が見られることです。三つ目は、言語景観の「多民族化」と名付けられるものです。これは、日本に在住する外国人が主にコミュニティ内の情報交換のために掲げる表示で、在日韓国・朝鮮人コミュニティによるもの（コリアンタウン）、中華系の人々によるもの（中華街）、また、日系ブラジル人によるものなどがあげられます。観光と言語に関しては二つ目の範疇に入ります。

5.1 言語景観の現状

2005年に国土交通省が発表した「観光活性化標識ガイドライン」では、標識の「表記方法」として「ユニバーサルデザインの観点から日本語、英語及びピクトグラム（絵文字・視覚記号）の3種類による表記を基本とし、必要に応じて、多言語表記や音声案内等の活用を検討する」と定められました。これ以降、日本では、外国語の中では英語を表示することが標準となります。とはいえ、時代とともに言語景観も多様化し、現在では、日本語（ローマ字表記を含む）・英語に、中国語・韓国語が加わった4言語表示を多くの場所で見かけるようになりました。

しかし、次の写真を見てください。4言語の表示順が異なることに気付くでしょう。第3節でも述べましたが、日本では、必要とされる外国語が地域によって異なっています。

写真1　首都圏の駅表示

写真2　九州新幹線の駅表示

（藤井撮影：以下の写真も）

写真1は首都圏（JR 東日本・千葉駅）です。「西口」と書かれた箇所を見ると、日本語の次には英語、その後は、中国語、韓国語（ハングル）の順に書かれています。一方、写真2（JR 九州・久留米駅）を見ると、「新幹線のりば」ということばが、英語、韓国語（ハングル）、中国語の順に出てきます。九州では、朝鮮半島と地理的に近いことから韓国語を使用する観光客が多く、特に、九州北部では、韓国語（ハングル）が重視されています。したがって、JR のような公的な交通機関であっても、言語景観には差が見られるのです。

5.2 | 言語景観から見た多言語表示の問題点

　現在の日本では、言語景観とも呼ばれる多言語表示が街中の至るところで見られることはすでに述べたとおりです。4 言語だけでなく、タイ語やベトナム語のようなアジアの言語が見られる場所もあります。

　このように、多言語表示が一般的になり、各所でさまざまな言語での表記を見ることができるのですから、日本を観光する外国人にとっても便利になっているだろうと思いがちです。しかし、実際はそうとは言いきれません。すぐにあげることのできる問題だけでも次のようなものがあります。第一に、使用される言語の種類が限定されていることです。日本を訪れる観光客の中には、英語も中国語も韓国語（ハングル）も分からない、という人々がいます。今日では、タイ語やベトナム語による表記もあることはすでに述べたとおりですが、それでもまだ不十分です。

　第二に、多言語表示のある場所が限られていることです。大都市部では、鉄道の駅やデパート・商店など、非常に多くの場所で多言語が使用されていることが分かります。一方、地方では異なった状況が見られます。県庁所在地であっても、外国人観光客が多く訪れる一部の場所を除いては、表記は日本語だけか、あるいは日本語と英語のみです。言語景観の「国際化」はまだまだ限定的です。

　第三に、外国語で書かれた内容が日本語と比較して限定的であることです。日本語では詳細に書かれているものが、外国語では一部が簡単に翻訳されているだけ、ということがよくあります。観光の場面で言えば、博物

館などでよく見られる現象です。美術品・収蔵品の説明などは展示物の名前だけが外国語で表記されていて、日本語で書かれた説明文などは翻訳されていません。こうした状況は日本文化を深く理解したいと考える外国人にとって残念な現実ですが、命に関わる危険や避難に関する情報の場合、問題は深刻です。阪神・淡路大震災や東日本大震災以降、緊急時、あるいは平時の安全確保に必要な情報を多言語で提供することの重要性が強く認識されるようになりました。東日本大震災の被災地域からは遠い宮崎県でも、写真3のような案内板が見られるようになりました。

　第四に、外国語への翻訳の問題があります。翻訳にはコストがかかることから予算的な理由もあり、自動翻訳を使用したと思われる表記も目にします（写真4）。自動翻訳には誤訳も多数存在します。その外国語を使用する人が見て意味不明なものから、やや失礼なものまでさまざまです。

写真3　災害非難表示（宮崎県）

写真4　中国語簡体字の表示例
（「日本語専用、難しい」と書かれている）

　最後の五つ目として、時として掲載内容に差別的な意味合いが見られることです。これが最も深刻な問題です。外国人観光客が差別されているのではと不快感を持つのであれば、そのような多言語表記はないほうがましです。よく言われるのが「防犯カメラ作動中」を外国語表記したものです。外国語表記といっても、英語ではないほかの言語で書かれている場合が多く、その言語を使用する外国人にとっては不快なようです。まるで自分たちに向けて「監視カメラがあるのだから泥棒するなよ」と、泥棒扱い

されているような気がする、という意見があります。このほか、禁止や命令的な内容を、特定の外国語で表記する事例が多く見受けられます。

6 おわりに

　ここまで、訪日外国人の動向や観光政策、現場の事例、言語景観についてとりあげながら、観光と言語に関する問題領域を示してきました。日本は 2020 年の東京オリンピックを一つの目標として、「観光先進国」を目指しています。訪日外国人旅行者を取りこむために、観光地のみならず、都心部の商店街や周辺部の都市でも誘客努力がなされています。インバウンドに対する補助金も用意されています。

　最近は Wi-Fi 環境が整い、VoiceTra のような自動翻訳アプリを活用してスマートフォンを介しコミュニケーションをとることや、母語サイトにアクセスしたり、来日経験のある友人に LINE で連絡したりして問題を解決することが、国内外を問わず一般化してきています。利便性は飛躍的に高まりつつありますが、これを批判的に見ると、自分の文化圏内にとどまったまま旅行することができるようになったとも言えます。もはや外国語能力よりもスマートフォンを操る技術のほうが重要である状況になりつつあると言っても言い過ぎではないと思います。

　ただ、観光の魅力の一つが、日常の生活圏から離れてさまざまな経験をすることであるとすれば、母語とは違う言語文化に接することも観光の醍醐味でしょう。非日常的な言語（方言も含みます）による「おもてなし」演出も「観光先進国」には必要なのかもしれません。

ディスカッション・ポイント

1. 観光庁があげている観光施策や自治体の観光計画を読んで、言語に関連する施策がどのように表現されているか確認しましょう。
2. 「やさしい日本語」について調べ、観光場面ではどのように用いることができるか、話し合ってみましょう。

第 10 章　観光における多言語事情　　**141**

3　身近な地域の看板や表示が何語で書かれているか、その背景などを考
　　えてみてください。おかしなものや差別的なものがないかを、外国人
　　の知人などの意見も聞きながら、確認してみましょう。

参考文献

加藤好崇（2014）「観光立国を目指す日本のツーリスト・トーク再考──和式旅館
　　における観光接触場面」『東海大学大学院日本語教育学論集』1(1), 1-18.

庄司博史・バックハウス, P.・クルマス, F.（編）(2009)『日本の言語景観』三元
　　社

日本政府観光局（n.d.）「年別訪日外客数、出国日本人数の推移」<http://www.
　　jnto.go.jp/jpn/statistics/marketingdata_outbound.pdf>（2017 年 8 月 25 日
　　閲覧）

藤井久美子（2014）「言語景観から考える観光と多言語状況」『宮崎大学教育文化
　　学部紀要　人文科学』29/30, 33-42.

やさしい日本語ツーリズム研究会（2016）「やさしい日本語ツーリズム研究会」
　　<http://yasashii-nihongo-tourism.jp/>（2017 年 6 月 12 日閲覧）

山川和彦・温琳（2015）「沖縄県石垣市におけるクルーズ船観光客の接遇と中国
　　語教育」『麗澤大学紀要』99, 79-84.

Cohen, E. & Cooper, R. L. (1986) Language and tourism. *Annals of Tourism
　　Research*, *13*, 533-563.

OCVB（n.d.）「一般財団法人 沖縄観光コンベンションビューロー」<http://www.
　　ocvb.or.jp/>（2017 年 6 月 12 日閲覧）

VoiceTra（n.d.）「多言語音声翻訳アプリ〈ボイストラ〉」<http://voicetra.nict.
　　go.jp/index.html>（2017 年 6 月 12 日閲覧）

第**11**章

海外在住日本人の言語生活
カタルーニャと上海の場合

福田牧子・福田えり

みなさんは「外国で使うことば＝英語」と考えていませんか？　確か
に英語は共通のコミュニケーションツールとして、世界中で学ばれ、使
用されています。旅先で英語が通じて便利に感じた方もいるでしょう。
しかし実際に非英語圏に暮らしてみると、現地のことばができないこと
で日常生活が制限されたり、また現地語が二つ以上あってその位置づけ
に戸惑ったりする例が見られます。この章では、カタルーニャ（スペイ
ン）と上海（中国）を例に、現地に暮らす日本人の言語生活と言語に対
する意識を紹介します。

1 はじめに

「言語生活」という用語を聞いたことがあるでしょうか。私たちは起き
てから寝るまでの一日の生活の中で、友達や家族と会話したり、テレビを
見たり、あるいは本や新聞を読んだり、ものを書いたりするなど、さまざ
まな形で言語を使っています。このように人間が日常生活においてどのよ
うに言語を使っているかという点について研究する際、特に日本語研究の
分野では「言語生活」という概念が使われてきました（杉戸 1992）。複数
の言語が使われている社会に暮らす人は、たとえば職場では X 語、家庭
では Y 語のように、場面や場所、話す相手によって言語を使い分けていま
す。

143

ここで紹介する日本人の言語生活は、共同研究プロジェクト「海外主要都市における日本語人の言語行動」(2011-2014)[1]で実施したアンケート調査・インタビュー調査に基づいています。このプロジェクトは、海外在住の日本語を母語とする人たちが、日本語・現地語・英語を中心にどのようなコミュニケーション言語活動を実際に行っているのかを解明する目的で行われました。アンケートの設問は、(1)個人的特性：属性、子どもについて、ソーシャルスキル、生活満足度、(2)言語生活：言語学習歴、言語能力、言語の必要度、場面による言語選択、場面別コミュニケーション満足度、(3)現地生活のサポートの3部構成となっています。

　この章では、非英語圏の二言語併用社会の事例として、カタルーニャと上海の実態を細かく見ていきたいと思います。それぞれの国家公用語であるスペイン語と中国語は、日本で外国語として多く学ばれています。

2　カタルーニャの場合

2.1 カタルーニャ自治州

　カタルーニャ自治州はスペイン北東部に位置しています。州都のバルセロナは、ガウディの代表的建築物の一つ、サグラダ・ファミリアや、通称「バルサ」と呼ばれるサッカーチームなどで日本人にはおなじみです。

　カタルーニャ自治州では、スペイン国家の公用語であるスペイン語[2]と、カタルーニャの「固有の言語」であるカタルーニャ語が州の公用語とされています。スペインにはバスク語やガリシア語などほかの言語も存在しますが、20世紀中頃の独裁政権の下では、スペイン語以外のすべての言語の公的な場での使用が禁止されていました。1975年の独裁政権崩壊後、

1　この調査は、日本語母語話者が比較的多く在住し、また日本で外国語として多く学ばれている言語が現地語である都市（上海、ソウル、デュッセルドルフ、マドリード／バルセロナ）を中心に実施されました。詳しくは福田ほか（2013）、福田（2013）を参照してください。

2　スペイン国外では一般的に「スペイン語」として知られていますが、国内にはほかにも言語が存在するため、「カスティーリャ地方の言語」という意味で「カスティーリャ語」という名称がよく使用されます。この章では一般的に知られている「スペイン語」の呼称を使用します。

スペイン憲法（1978年）によって、スペイン語以外の言語はそれぞれの自治州の自治憲章に従って自治州の公用語とすることができると定められ、カタルーニャ語はスペイン語とともにカタルーニャ自治州の公用語となりました。さらに1983年に「言語正常化法」が制定・施行され、カタルーニャ語の使用は著しく回復しました。街に出れば、カタルーニャ語で書かれた看板や標識などがあちらこちらに目につき、「スペインだからスペイン語」だと思ってカタルーニャを訪れた人々は、この言語状況にしばしば戸惑います。

写真1　カタルーニャ語、スペイン語、英語の三言語表記
(一番上がカタルーニャ語)

写真2　カタルーニャ語表記の薬局の営業時間

(福田牧子撮影)

　しかし、バルセロナのような都市部においては依然としてスペイン語が優勢で、ある意味「共通語」のような認識で使われています。カタルーニャ語を話す人はほぼ間違いなくスペイン語も話せますが、スペイン語を話す人は必ずしもカタルーニャ語が話せるわけではありません。実際、カタルーニャ人の間では「非カタルーニャ人が含まれている会話ではスペイン語に切り替える」という習慣が根付いています。一見してすぐに外国人と分かる人には初めからスペイン語で話しかけることが多く、たとえ相手の外国人がカタルーニャ語で話を始めても、カタルーニャ人はスペイン語で返す、というケースはよく見られます。

2.2 カタルーニャ在住の日本人

カタルーニャ統計局[3]によると、カタルーニャ自治州にはおよそ2100人の日本人が住んでいます（2015年）。カタルーニャには80年代から日本企業が進出し、多くの駐在員とその家族がバルセロナに居住してきました。駐在員やその家族と並んで多いのが学生で、大部分が語学留学やビジネススクール留学を目的としてバルセロナに1～2年程度滞在しています。バルセロナ市内には日本人向けの食料品店や美容室などがありますが、いわゆる「日本人街」を形成するには至っておらず、市内に点在しています。永住者や半永住者の割合は短期滞在者に比べると少ないですが、国際結婚家庭や移住した日本人家庭なども年々増えています。

この章で紹介する日本人は、基本的には赴任地に数年滞在後、日本への帰国を前提としている、いわゆる「短期滞在型」の人たちです。その多くが同じ地区に居住し、交友関係も主に日本人、子どもたちは日本人学校に通い、生活スタイルも日本式を守る人も多いですが、現地社会とも比較的交流があります。

2.3 カタルーニャ在住日本人の言語生活——調査結果より

2012年12月に、小学校・中学校合わせて60名程度の児童生徒が在籍するバルセロナ日本人学校の協力を得て、同校の保護者の方々35名にアンケートを行いました（有効回答数は18)[4]。

〈日常生活での言語使用〉

83％の人が「普段の生活で最もよく使用する言語は日本語」と答えており、ごく親しい付き合いに限定されるようなプライベートの場面（友人と電話で話す、お茶をするなど）や教育に関わる場面では日本語の使用が圧倒的に多く見られました。一方、現地社会との接触が避けられないような公共の場面（買い物、レストランでの食事など）ではスペイン語の使用が多くなっています。たとえばカフェで「これをください」という一方的

3　Generalitat de Catalunya <https://www.idescat.cat/>

4　駐在員6名、配偶者8名、国際結婚2名、その他2名。

な発話や簡単なことばで用が足せる場面では、すべての人がスペイン語を使っていると回答しました。ただ、詳細な説明や複雑なやり取りが要求される場面では、現地語以外の言語の使用が見られます。たとえば病院などでは、英語を補足的に使用したり、あるいは医療専門の通訳を介して日本語でコミュニケーションをしている、などの状況が考えられます。

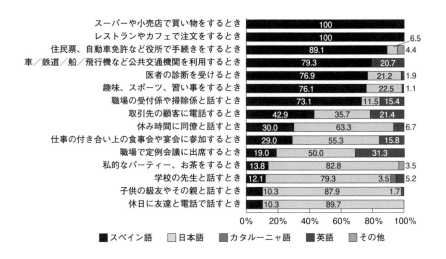

図1　日常のさまざまな場面における言語使用（カタルーニャの場合）

新聞や雑誌、テレビ・ラジオなどのメディアでは、スペイン語がよく使用されています。「読む力」が要求される新聞で現地語も選択されているのは、写真等の「目で見る情報」で内容がだいたい推測できるためではないか、と考えられます。ラジオは、車の中でつけっぱなしにするという使い方がされているようです。インターネットや読書のように、必然性というよりは個人的な趣味や楽しみのため、あるいは情報を手早く入手するためには、不自由なく理解できる言語を選ぶ傾向があると考えられます。

〈スペイン語のニーズ〉

普段の生活では、すべての回答者がスペイン語は必要であると考えてお

り、そのうち7割以上が「とても必要である」と回答しています。駐在員の配偶者は日々の買い物や子どもの習い事などで、現地社会との接触が求められます。たとえば市場などに行った場合、指を指して欲しいものを伝えることができても、それがどのぐらい欲しいのか、という細かい情報はことばなしには伝えられません。

〈カタルーニャ語に対する意識〉

カタルーニャ語については、「必要性を感じない」という回答が4割を超えた一方、「必要である」という回答は3割程度で、全体的に必要性はスペイン語ほどは感じられていないようです。カタルーニャ人は基本的に外国人に対してはスペイン語を使うので、カタルーニャ語が必要とされる場面はあまりないためと考えられますが、「(カタルーニャ語は) ナショナリストだけが使うことばだと思っていた」など、カタルーニャ語は「自分たちとは無関係の言語」という認識が見られました。また、日本で使う可能性が少ないことも、カタルーニャ語を学ばない理由の一つとなっています。ただし、現地の保育園や幼稚園に子どもを通わせている人たちからは「普段の生活では知らなくても何とかなるかもしれないが、学校に関しては知らないと困ることがある」という声が聞かれました。たとえば、学校からのお知らせなどは基本的にカタルーニャ語で来るため、カタルーニャ語の知識がゼロだと、子どもの持ち物や行事などに関して正しい情報を入手することができません。

〈英語のニーズ〉

英語を現地生活に必要であると考える人は60%以上にのぼり、必要ではないと考える人は全体の22%にとどまりました。しかし、実際は「英語がまったく通じない」という声も多く聞かれました。さまざまな国に赴任してきた経験のある駐在員は、ほかの国と比べてスペインでは英語が通じず、現地語の必要性を痛感しているようです。ある駐在員は、英語で会議をすると時間がかかるため、「現地職員の間で現地語で話し合ってもらい、要点を後で伝えてもらう」と話していました。また、「英語を話すの

は（非英語圏の）現地の人に失礼」といった、現地語の使用を礼儀の問題
とする意見も聞かれました。

2.4 言語学習の動機と言語能力

　スペイン語の学習は、仕事や勉強による必然性というより、スペイン語
圏の文化や言語自体への興味が動機になっているケースが6割を超えて
おり、多くの人がスペイン語を肯定的に評価していると考えられます。半
数以上の人が現地の語学学校や個人レッスンでスペイン語を学んだと回答
していました。スペイン語能力の自己評価を見てみると、会話能力のほう
が高く評価される傾向にあり、その一方で読み書き能力に関しては「あま
りできない」という回答が大多数を占めました。このことから、日常生活
では口頭でスペイン語を使用する場面のほうが多いことが推察されます。
　カタルーニャ語に関しては、読み書き会話すべての項目において「全く
できない」という回答が圧倒的に多く、大多数の人に学習経験がないこと
が分かりました。その理由として、半数以上の人が「あまり使わないか
ら」と回答していました。次に多かったのが「学習手段がないから」とい
う理由で、外国人向けのカタルーニャ語学習に関する情報が十分に行き届
いていないことが窺われます。その他自由回答として、「まずはスペイン
語を理解することが必要だと思ったから」などがあがりました。現地社会
の言語であるカタルーニャ語ではなく、国の公用語であるスペイン語を当
然のように優先的に学ぶところに、「現地語＝滞在国の言語」を前提とし
ていることがはっきり読み取れます。ある回答者の「スペイン語で十分コ
ミュニケーションが成り立つから。カタルーニャ語も話せればカタルー
ニャ人ともっと仲良くなれると思う。そう思いつつ学ばないのは、スペイ
ン語と同時進行で学んでも混乱し、双方共倒れになりかねないと思うか
ら」という回答には、カタルーニャ語が現地人とよい関係を築くための
キーであることを認めつつも、結局は国の言語の習得を優先してしまうジ
レンマが読み取れます。

第11章　海外在住日本人の言語生活　**149**

3 上海の場合

3.1 国際都市上海

　続いて上海の事例を見てみましょう。長江の河口に位置する上海は、経済、貿易、金融の中心として発展を続ける国際都市です。多くの外国企業が進出しており、外務省領事局政策課（2017）によると 2016 年時点で 6 万人弱の日本人が暮らしています。市内の 2 ヵ所に日本人学校があるほか、日本人が多く住む古北地区には、日本食レストランや日本食材スーパー、日本語の通じる美容室、不動産屋などがあります。

3.2 上海の言語状況

　上海には中国語[5]と上海語[6]という二つの現地語があります。中国政府は 1949 年の建国以来、中国語を国家公用語と定め、学校教育やメディアなどでの方言使用を禁止してきました。中国経済の中心として中国の他地域からも多くの働き手が流入し、市が国際化を目指していることも中国語が共通語として使われる要因と言えます。近年、上海語の復権に力を入れる上海っ子たちの努力もあって、中国語、英語、上海語の三言語で路線バスのアナウンスが始まったり、上海語の娯楽番組が放映されたりしています。また上海人同士は通常上海語を用い、職場でも雑談やプライベートな話をするときは上海語を使用しています。これは上海人としての誇りやアイデンティティとも関係があるようです。上海出身者以外には上海語を話す人はほとんどいないため、外国人や他地域出身の者が会話に加わるとすぐに標準語である中国語に切り替える習慣が定着しています。

3.3 上海在住日本人の言語生活——調査結果より

　先に紹介した共同研究プロジェクトでは、2013 年 2 月に上海に在住す

5　北京語を中心とする中国北方方言をもとに作った中国語の標準語で普通話（プートンファー）と呼ばれます。日本の教育機関で学ぶ「中国語」はこの普通話です。

6　上海市およびその郊外で通用している呉語の一方言。中国語とは発音や語彙がまったく異なります。

る日本人を対象に Web アンケート調査を実施し、325 の有効回答を得ました。このうち、仕事・研究で赴任した人（駐在員）は 175 名、海外派遣勤務に帯同した配偶者（駐在員配偶者）は 126 名でした。また筆者は、より詳細な言語生活を把握するためにインタビューを行いました[7]。

〈日常生活での言語使用〉

　アンケートより、上海在住の日本人の主要な使用言語は、83％が日本語、13％の人が中国語ということが分かりました。特にプライベートの場面ではほとんどの人が日本語を使っており、日本人や日本語話者を中心としたネットワークの中で暮らしていることが推測できます。日常で使用するメディアに関しては、新聞・雑誌、テレビ・ラジオ、本、インターネット・メール・SNS などすべての項目で日本語使用率が高いことが分かりました。ただし、テレビやインターネットでは、中国語や英語など複数の言語の媒体を組み合わせて情報を得ている人もいました。

〈中国語のニーズ〉

　「もっとも使う言語は日本語」であっても、日本語だけで生活をしているわけではなく、大多数の人（86％）が「中国語が必要である」と感じていることが分かりました。駐在員では 9 割以上、駐在員配偶者では 8 割以上の人が何らかの形で中国語を学んだ経験があるという結果からも、中国語ニーズの高さが窺えます。特に使用頻度が高いのはレストランなどの公共の場で、9 割以上の人が中国語を使っているという回答でした（図2）。日本語だけでも生活できるといわれる上海のような都市でも、最低限の中国語は必要だという認識は共通しているようです。

7　被験者は、駐在員 6 名、駐在員配偶者 7 名、ローカル採用の上海人スタッフ 1 名で、駐在員配偶者 7 名のうち 6 名はアンケート調査のフォローアップとしてインタビュー調査を実施しました。

第 11 章　海外在住日本人の言語生活

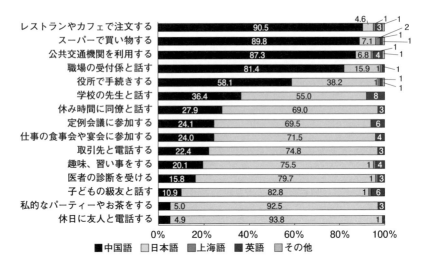

図2　日常のさまざまな場面における言語使用（上海の場合）

　では、中国語ができることで具体的にどのようなメリットを感じているのでしょうか。まずプライベートの場面では、「アイさん（お手伝いさんの意）と意思疎通ができる」ということがあります。上海では掃除や料理などをお願いするお手伝いさんを雇う駐在員家庭が多く、単語を並べるだけでも会話が成立するという人もいましたが、中国語でコミュニケーションをとれると、より都合がよいようです。公共の場では、地元民が行く市場で買い物ができたり、タクシーに乗って行きたい場所に自由に行けるなど、上海生活をより「ディープに」楽しむためには中国語が必要だと考える人が多いことが分かりました。また近隣や住居関連で問題が起きた際には「こちらの事情をちゃんと説明するためには中国語ができないと困る」という人がいる一方で、上海には「日本人が多いので、日系の不動産や中国語のできる日本人の友人など、駆け込むところが必ずある（ので中国語ができなくても生活できる）」という声もありました。このあたりはどの程度他者に頼って生活したいかにもよるようです。中国語ができることで、「自分一人でいろいろ決めて行動できる」という意見は多く、日本人集住エリアに住むことで密度の濃い人間関係を経験することもある駐在員

配偶者にとっては、中国語の習得によって自身の判断のもと自律的に行動できることは大きな意味を持つのかもしれません。

教育関連の場面では、たとえば子どもを現地校の国際部[8]に入れる場合は、教員や親とのコミュニケーションで中国語が求められることもあり、学校見学や入学手続き、面談などで中国語が役立ったという例もありました。

駐在員の場合は日系企業に勤めているケースが多く、仕事関係の食事会・宴会などでは日本語使用率が高くなりますが、現地職員も交えた場合や取引先の顧客とのやり取りでは、2割強の人が中国語を使うと答えています。「中国語圏は漢字が通じるので漢字でやり取りしている」という人も多く、また顧客先で「中国語が少しでもできると相手が心を開いてくれる」という声も聞かれました。中国には日本語学習者も多いので、日本語ができる現地職員を積極的に採用するケースがある一方で、会議や交渉など重要な場では、正確を期するために日本人職員は日本語を、中国人職員は中国語を使って、通訳を入れることも多いようです。

〈上海語に対する意識〉

もう一つの現地語である上海語については、アンケート調査では中国語や英語のニーズよりも有意に低く、「まずは中国語の習得が必要だから」「中国語で代用可能なので」という理由で上海語を学ばないと答える人がほとんどでした。上海生活において「学ぶとしたらまずは中国語」という意識があり、「中国語でどこでも通じるから上海語ができなくて困ったことはない」「私に対しては中国語に切り替えてくれる」といった発言からも、中国語ができれば日常生活で不自由を感じることはないことが分かります。しかし、中国語の能力が高い駐在員の中には、「上海出身者はプライベートで上海語を話す（から会話についていけない）」「現地職員の会話

8　上海では一部の現地校で外国人を受け入れる「国際部」が設置されており、アメリカ・カナダのカリキュラムのもと英語で授業を行う英文部と、中国のカリキュラムのもと中国語の授業を行う中文部があります。なかには英語と中国語の両方で学ぶことのできる現地校国際部もあります。

を"聞いてわかる"程度になりたい」など、上海語ができると仕事上メリットがあると考える人もいました。

〈英語のニーズ〉

　日々の生活で英語が必要だという人は39％にとどまり、プライベートや公共の場面で英語を使う人は少ないことが分かりました。これは上海での英語通用度とも関係することが予想されます。英語が必要であると答えた人は、子どもをインターナショナルスクールや現地校国際部に通わせている場合が多く、特に母親が先生や保護者と英語で話をしているケースが見られます。また国際色豊かなエリアに住まいを決めた家庭では、近隣住民とのコミュニケーションで英語が必要になるようです。

　職業場面での英語必要度も高くありませんが、これは職種や役職にもよるようです。インタビュー調査からは、銀行など金融機関に勤める人は仕事内容によって英語を使う機会もあり、特にビジネス文書の作成や業務メールのやり取り（他国の職員とのやり取りも含む）では英語が共通言語となっているケースもあるようです。この場合、中国人の現地職員も英語使用を求められ、国際都市である上海という土地柄と、金融機関という職種が大きく関係していることが分かります。

3.4 │ 現地語の学習動機

　次に、言語学習に対してどのような意識を持っているか見ていきます。アンケートで中国語の学習経験があった駐在員 159 名と駐在員配偶者 110 名に中国語の学習動機を聞いたところ、最も多いのが「赴任後に習得の必要性を感じた」というものでした。海外赴任の事前準備として現地語学習の機会が与えられる企業もありますが、着任後に語学学校やプライベートレッスンを受ける人が多いようです。

　駐在員配偶者ではほかにも、「中国語話者とコミュニケーションをとりたかったため」という理由も多くなっています。日常会話レベルの習得で学習を終える人が多い中、なかには大学の留学生向け語学コースに毎日通って HSK（中国語の語学資格試験）の上級レベルに合格する人もいま

す。その動機づけとして「国際語としての中国語」という意識があります。「次の赴任地で現地語をやるかどうかは分からないけど、中国語は大きな言語なので一生懸命やった」など、現地語に置いている価値が学習に大きく影響していることが分かります。次に、「暇だったから」「せっかく上海にいるから」など、駐在の機会を生かしたいという気持ちと学習意欲のつながりです。あるいは、英語に対するコンプレックスが中国語のやりがいを増幅させるケースでは、「英語はできる人がたくさんいるけれど中国語は少ない」など、中国語が「ほかの人よりできる！」という有能感がさらなる動機につながるようです。

　さらに、親が子どもに何語を学んでほしいと思っているかは、学校選択に影響を与えています。たとえばインターナショナルスクールを選ぶ家庭は、国際語としての英語に価値を置き、英語の習得と「国際的な感覚」を学ぶことを第一優先に考えています。なかには自身が英語に苦労した経験から「子どもには同じ思いをさせたくない」と、高い学費も将来の投資と考える親もいます。また、「次の赴任地に日本人学校があるとは限らない」ために必然的にインターナショナルスクールを選ぶ家庭もあります。現地校国際部に子どもを入れる家庭は、英語はもちろんのこと、中国語も身につけてもらいたいと望む場合が多く、またインターナショナルスクールより学費が安いこともあって、子どもに「よい教育環境」を与えられたことが上海駐在の最大のメリットだと捉える人もいました。このような家庭では、中国語を子どもに習得してほしい言語と捉えているようです。

4　おわりに

　これまで現地語が二つあるカタルーニャと上海のケースを概観してきました。どちらの都市でも、「現地語＝国家の共通語」と捉えられており、日常生活に現地語（スペイン語、中国語）が必要であるとの認識から、大多数の人に学習経験があることが分かりました。日本語のサービスや現地語のできる日本人に頼るなどして、日常会話レベルの現地語能力で十分と考える人も多い一方で、自律的な生活を送るために現地語学習に意欲的に

第11章　海外在住日本人の言語生活　**155**

取り組む人もいました。

　公共の場面ではスペイン語や中国語を使っており、その地方独自の言語（カタルーニャ語、上海語）については、相手が切り替えてくれるために習得の必要を感じていない、あるいは必要性は感じるがスペイン語や中国語の習得が第一優先で学ぶには至っていないケースがほとんどでした。ただし、上海語よりカタルーニャ語のほうが日常生活で「必要だ」と感じる機会が多いようで、たとえばカタルーニャの公立学校ではカタルーニャ語が教育言語となっており、保護者にとっても必要であるなど、特に教育場面では大きな違いが見られます。英語は仕事関係の場面で一部使用が認められるほか、子どもをインターナショナルスクールに通わせるなどの事情がない限り、両都市でのニーズは高くないことが分かりました。

　これらの結果が同じ国内の他エリアにも当てはまるというわけではありません。地域によってはまったく日本語が通用せず、仕事や生活の上で現地語の習得が必須となる場合もあるでしょう。住む地域や職種、置かれた立場などによって現地語の必要性や使用頻度はさまざまであることに留意する必要があります。一口に「海外在住日本人」と言っても、その言語生活はバラエティに富み、多種多様なのです。

ディスカッション・ポイント

1　もし非英語圏の国に住むことになった場合、あなたは現地語を学びますか。理由もあわせて考えてみましょう。

2　知り合いに海外に住んだことがある人がいれば、現地の生活で言語に関してどんな困ったことがあったか聞いてみましょう。そして、なぜそのような問題に直面したのかを考えてみましょう。

3　あなたが会社の社長であったとして、海外赴任者とその家族の現地生活に関してどのような対策をとりますか。特に言語の面について考えてみましょう。

参考文献

外務省領事局政策課（2017）「海外在留邦人数調査統計　平成 29 年要約版」<http://www.mofa.go.jp/mofaj/files/000260884.pdf>（2017 年 8 月 25 日閲覧）

杉戸清樹（1992）「言語生活」真田信治・渋谷勝己・陣内正敬・杉戸清樹『社会言語学』おうふう．pp. 48-67.

福田えり・古谷知之・島田徳子・岩本綾・王雪萍・福田牧子・平高史也（2013）「上海在住の駐在員配偶者の言語生活に関する考察」『慶應義塾 外国語研究』10, 1-22.

福田牧子（2013）「多言語社会における日本人の言語使用 ── スペイン・カタルーニャ自治州在住の日本人のケース」『社会言語科学』15(2), 15-32.

Column ❸

多言語なくして「多文化共生」の実現なし！

菊池哲佳

　私は仙台観光国際協会（旧・仙台国際交流協会）で「多文化共生」の地域づくりに取り組んでいます。1990年の設立当初は、仙台市の国際姉妹都市との交流など、国際交流事業を中心に行っていました。しかし近年は、外国人住民の増加・定住化に伴い、日本人と外国人が地域の住民として共に生活していくことを目的とする多文化共生事業が中心となっています。そして、そのような「多文化共生」の地域づくりを進めていく上では、多言語での取り組みが欠かせません。ここでは三つの事例を紹介します。

留学生への生活オリエンテーション

　仙台は「学都」と呼ばれ、大学をはじめとする学校が多い都市です。仙台に暮らす外国人も、大学や日本語学校の留学生が多いことが特徴です。そこで、留学生が地域の住民として暮らしを円滑に始められるように、私たちは留学生が入学する時期に、大学や日本語学校を訪問し、オリエンテーションを開催しています。オリエンテーションでは主に「交通ルール」「ごみの分別」「災害への備え」について説明をしています。日本語学校では近年、ネパールやベトナムからの留学生が急増しており、彼らには日本語や英語での説明が通じないことも多いことから、ネパール語やベトナム語の通訳が不可欠です。また通訳だけではなく、「多言語交通安全ビデオ」（5言語）などの多言語資料も制作し、活用しています。これらはインターネットでも視聴できますので、興味のある方は仙台観光国際協会のWebサイトからアクセスしてください。

「外国につながる子ども」のサポート

　近年は、国際結婚の増加等により「外国につながる子ども」のサポートが重要な地域課題となっています。「外国につながる子ども」とは、国籍によらず、外国に言語や文化のルーツを持つ子どものことです。

　そのような子どもたちは日本語での学習にしばしば困難を抱えているた

め、地域でさまざまなサポートが行われています。その一つに「日本語を母語としない子どもと親のための進路ガイダンス」があります。外国につながる子どもや親は、言語や文化の違いから、進路を選択する上での十分な情報を得られないことがあります。そこで、市民による実行委員会が『進路ガイドブック』を 6 言語で作成し、ガイダンスで「日本の学校制度について」、「高校入試について」、「先輩の体験談」などの説明をしています。ガイドブックの作成では制度に関する説明などの翻訳が難しく、またページ数も多いため、翻訳や編集には大変な苦労がありますが、市民ボランティアをはじめとする関係者が協力して改訂を続けています。

防災・減災のための多言語情報

災害時は「高台に避難してください」など、普段は耳にしない日本語が飛び交うため、外国人が情報を得ることは平時よりもはるかに難しくなります。そこで東日本大震災に際しては「仙台市災害多言語支援センター」を運営し、英語、韓国語、中国語、日本語、「やさしい日本語」（外国人にも分かりやすい日本語）で外国人被災者への情報提供や相談対応を行いました。

また、日頃の防災意識の啓発でも、多言語での情報提供が必要です。たとえば「多言語防災ビデオ」は、インドネシア語、英語、韓国語、台湾語、タガログ語、中国語、ネパール語、ベトナム語、ベンガル語、ポルトガル語、モンゴル語、やさしい日本語の 12 言語で制作し、防災訓練などで活用しています。そのほかにも防災に役立つ多言語資料が仙台観光国際協会の Web サイト「多文化防災」にありますので、ぜひ活用してください。

なお、2020 年に東京オリンピックを控え、訪日外国人旅行者のいっそうの増加が見込まれていることから、外国人住民だけではなく外国人旅行者に対する災害時の多言語情報提供も重要な課題と言えるでしょう。

このように私たちの生活のさまざまな領域で多言語での取り組みが求められており、まさに多言語なくして「多文化共生」の実現なし！なのです。

Column **❹**

外国語習得とダイエット

新行内和広

　外国語習得とダイエットは似ていると思います。どちらも世間に溢れかえるハウツー本の数からして、達成されることがとても難しいことを示しているからです。では、どうしてそんなに達成が難しいのでしょうか？　ここにドイツ生活の実体験から得た僕なりの答えを述べたいと思います。

初めてのドイツ語

　2007 年の初夏、かねてからの希望が突然叶ってドイツに赴任しました。決まってから赴任まで 1 ヵ月強というスケジュールで、準備もままならず文字通り身体一つでやってきました。ドイツ語は一言も話せませんでしたが、英語が話せればどうにかなるだろうと高をくくっていたのです。

　最初の 3 ヵ月だけ午前中、語学学校に通いました。入学前のレベルチェック（知識ゼロなのでレベルも何もないのですが）の選択式解答で偶然正解が多かったのか、初期レベル中の上ぐらいのクラスに入りました。驚いたのは（よく考えれば当たり前なのですが）ドイツ語をドイツ語で教えてくれることでした。何を教えてもらうにも、説明はおろか質問自体が分からないという始末だったので、その破壊的な難しさに絶望したのを覚えています。

　結局、学校は 3 ヵ月ほどで辞めてしまいました。こんなペースで学習していたらいつまで経っても"もの"にならないし、学校で習う犬とか猫の話は仕事ではまったく役に立たないと思ったからです。

本気でドイツ語を学ぶ

　学校を辞めた日の午後、オフィスで上司に「これからは僕との会話はドイツ語だけにしてください。いつまで経ってもドイツ語が話せませんから」と無謀にも宣誓しました。退路を断つ以外に上達しないと考えたのです。

　さっそくあくる日から上司を含めた仕事仲間はみな、「なんだ、お前はドイツ語が話せたのか」と言わんばかりに遠慮のないきわめて早口のドイツ語を僕に浴びせかけてくることになったのです。

それからは僕の人生でかつてないほど"必死に"ドイツ語を勉強しました。それは当時の僕にとって、生きるか死ぬかの問題だったのです。なんとか会話が成立するようになったのは、3－4ヵ月も後のことですから。

　ことばが通じないというのは本当に切ないことです。街のピザ屋で注文するのも四苦八苦でしたし、仕事上の会話は英語でしてもらっていましたが、休憩時の仲間内の何気ない雑談は当然ドイツ語で、その中で僕は深い孤独感を抱いていました。一刻も早く話せるようになりたいと願いました。

ことばは大切、だけどことばの先にあるものはもっと大切

　ドイツに来て、日本との文化の違いもたくさん思い知りました。会議や日常でも自分の意見を明確に言わないと、ほとんど存在を認めてくれません。困っているときには明確に伝えないと助けてくれません（逆に、言えば過剰なぐらい助けてくれます）。個人の時間がとても大切にされ、一方どんな手続きをするにも日本よりずっと時間がかかります。

　そんな文化の違う環境の中で、僕は自分が生まれた日本という国がどんな国で、自分はどんな考えを持っていて、何を伝えたいのかということを深く考えさせられることになりました（それは事あるごとに聞かれたのです）。それは今でも僕の人生において貴重な示唆を与える大切な時間だったと思っています。

　ドイツ語を話すようになって、仕事仲間との距離も以前よりずっと近づきました。英語で話していたときの見えない薄いカーテンが消え、遠慮なく話せる本当の"仲間"になったのです。たかがことば、されどことばです。そのときの仲間とは今でも時間や距離や国籍を超えた親密な関係です。

　さて、最初の質問に対する僕なりの答えはこうなります。

　ダイエットも外国語習得も、本来の目的と手段をはき違えやすいのです。痩せたい、話したいではなく、痩せて何をするか、外国語で何を伝えたいかという目的が明確であれば、努力は簡単には止められないはずです。僕は一人でも多くの人が外国語を習得し、国や文化の違いを超えて"分かり合える"喜びを知ってくれたらと願います。それは本当に素敵なことなのです。

Column ❺
ときに諦め、ときに諦めない

佐藤悠花子

　2012年秋から1年間、中国・上海の子会社に赴任しました。日本とは常識の違う国で、現地社員と悪戦苦闘しながら過ごした日々について述べたいと思います。

赴任までの中国語学習

　上海への赴任が決まってからは、出国までの3ヵ月間、好きなトピックについて書いた文章を語学学校の先生に添削・音読してもらい、その録音テープを毎日聞いて丸暗記するという学習を繰り返しました。その甲斐あって、出国までには簡単な会話ができるようになりました。

最初の数ヵ月は大変だった

　とはいえ着任当時の中国語は仕事には不十分なレベルで、赴任後の数ヵ月は相手の意図が分からない、言いたいことが十分表現できないということが多く、悔しい思いをしました。それでもくじけず現地社員の輪に積極的に飛び込み、できる限り彼らと時間を共にするようにしました。また、どうしても分からないときは潔く諦めるようにし、いつかは分かるようになると楽観的に考えるようにしていました。すると、最初は単語の羅列やジェスチャーによる会話だったのが、次第に満足のいく会話ができるようになったほか、積極的に現地に溶け込もうと奮闘する姿勢が好意的に捉えられ、現地社員の信頼や協力を得ることもできました。そのおかげで、生活の豆知識を始め、取引先から仕入れた耳よりな情報をいち早く教えてもらうことができ、仕事の幅が広がったように思います。

言語の壁を乗り越えて

　赴任から半年が過ぎると、駐在員と現地社員の仕事の分担に疑問を感じ始めました。駐在員は毎日のように遅くまで残業する一方で、現地社員は管理職も含め全員定時に退社するのです。それは、駐在員が業務を抱え込み、現

地社員に仕事を任せていないからでした。ではなぜ任せないのかというと、第一に言語の壁があり細かく指示を出せないから、第二に現地社員の仕事ぶりに満足しておらず、仕事を任せると逆に仕事が増えると思っているからのようでした。

　まず、ことばの壁は当然ながら存在しました。しかし、その壁は、言語の面で対等でなければ意志疎通ができないという思い込みを打破すれば解決できると考えました。現地社員に指示をする日本人側が、生まれた頃から中国語を操る彼らに言語の面で勝るはずはなく、むしろ土俵に乗せるべきなのは業務上の知識だからです。現地社員の仕事ぶりに関しても、事実、日本人の考える仕事の完成度と中国人のそれとの間には大きな隔たりがありました。たとえば、資料を一つ作るにも、字体などの体裁を整えずに提出してくることが多々あったからです。しかしそれは、彼らが日本式の業務上のルールを知らないだけではないか、それをきちんと説明して理解してもらえば解決するはずだ、と考えました。

　そこで、細かな指示をまとめたマニュアルを作成し、その説明の際に必要な専門用語や解説を事前に書き出して丸暗記しました。実際の意志疎通においては、言語的に完璧な解説を目指さず、あくまでも業務において最も効率的な方法を共に見出そうと努めました。また、完成度の低い資料を提出された場合、黙って修正するのではなく、こちらの要求を丁寧に伝え、なるべく彼らの手で仕事を完成してもらう、駐在員は例外的な問題が出た場合のみ補佐するという方針に変えました。その結果、駐在員の業務は軽減され、現地社員にとっても仕事の幅が広がるという効果を得ることができました。

ときに諦め、ときに諦めない

　外国語を使って意思疎通する限りは、どうしても相手の意図が読み取れず諦めなければならないこともありますが、その悔しさが逆に中国語学習の大きな原動力になりました。言語の壁があるから、文化が違うからという理由で意志疎通を断念していたら、帰国後も悔しい思いが残っていたと思います。現地社員との率直な意見交換の結果、仕事の効率化を達成できたことは、その後の私にとって大きな自信となりました。

163

第3部

ヨーロッパにおける多言語教育・使用の事例

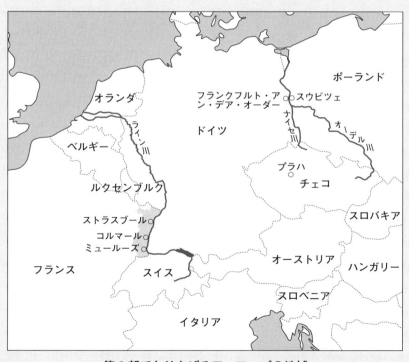

第3部でとりあげるヨーロッパの地域

第**12**章

危機に瀕するアルザス語
バイリンガル教育によってもたらされるもの[1]

境一三・治山純子・小川敦

> みなさんは、自分の生涯で自分が望まないのにも関わらず国籍が何回も変わるということが想像できるでしょうか。そして、学校で使うことばも変えられてしまうということが。こうしたことが実際に起こったのが、フランスのアルザスという地方です。この章では、自分の生まれ育った場所の帰属が変わり、それとともに学校や社会生活で使用する言語が自分のことばではない別のものになり、さらには自分のことばが衰退するということが、人間にとってどのような意味を持つのかいっしょに考えてみましょう。

1 はじめに

　みなさんは、フランスのアルザスと聞くと何を思い浮かべるでしょうか。ある年代までの日本人であれば、教科書に載っていたドーデという作家の「最後の授業」(『月曜物語』所収)かもしれません。1870〜71年の普仏戦争でフランスがプロイセン (プロシャ) に負けたために、明日からフランス語で授業ができなくなることとなり、今日が最後となる授業でアメル先生が「フランス万歳!」と言って幕を閉じるのです。印象的な最後なので、覚えている方もたくさんいるのではないでしょうか。

1　この章は科学研究費補助金基盤研究(A)「一貫教育における複言語能力養成のための人材育成・教材開発の研究」(研究代表者：境一三) の成果の一部です。

しかし、このとき授業を受けていた子どもたちが家庭で話していたのは何語だったのでしょうか。それはほとんどの子どもたちの場合、アルザスの地元のことば、アルザス語であり、フランス語ではありませんでした[2]。

　アルザスでは、アルザス語・フランス語・ドイツ語が使われてきました。以下では、アルザス語とは何か、またそれはアルザス人にとってどのような意味を持つのか、そして今日、アルザスではどのような言語教育が行われているのか、見ていきましょう。

2　アルザスの地理と歴史[3]

　まずは、アルザスの地理的条件を見てみましょう（p. 165 の地図のグレー部分参照）。アルザスは、ライン川沿いに南北に細長い地域で、西側はヴォージュ山脈を、そして東側はライン川を境としています。フランスは六角形であると言われていますが、地図を見ると、アルザスはそのうち東北の角にあたる地域であることが分かるでしょう。

　アルザス（独：エルザス）地方の面積は 8280 平方キロメートルでフランス全体の約 1.3％を占め、人口は 186 万 8000 人あまりです。バ・ラン（低ライン）県とオ・ラン（高ライン）県の 2 県からなり[4]、前者の県庁所在地はストラスブール（人口 27 万 6000 人）、後者のそれはコルマール（人口 6 万 8000 人）です。ストラスブールはバ・ラン県だけでなくアルザス全体で最大の都市であり、また政治経済の中心地です。オ・ラン県の最大都市は工業都市ミュールーズで 11 万 2000 の人口を擁します（人口はすべて 2013 年時点）。

　またこの地方は古くより交通の要衝で、豊富な石炭と鉄鉱石を埋蔵することから、その利権をめぐってフランスとドイツとの間で戦いが繰り返され、幾度も帰属する国が変わったこともよく知られています。

　次に、首都のストラスブールを中心に、アルザスの歴史を見てみましょ

2　この作品の欺瞞性は、すでに田中（1981）などによって、指摘されています。
3　本節に関しては、宇京（2009）、上田（2012）、鈴木（2012）、石坂（2013）参照。
4　ここで言う「高低」は標高を意味しています。

第 12 章　危機に瀕するアルザス語　**167**

う。アルザスの都ストラスブール（Strasbourg）はドイツ語ではシュトラースブルク（Straßburg）（現地のアルザス語発音ではシュトロースボリ）で、それは街道（Straße）の都市（Burg）という意味です。これをそのままフランス語化したのが Strasbourg です。古くから街道の重要拠点で、ゲルマン文明とラテン文明が交錯し、独自の文化を築き上げてきました。現在では、ヨーロッパの中心都市の一つとして、欧州議会、欧州人権裁判所、欧州評議会など、さまざまな国際機関が置かれています。

　この町の原型は、ローマ人がケルト人征服後の紀元前 12 年に築いた要塞で、ローマとガリアやゲルマニアを結ぶ街道筋にあることから、古来より諸民族が行き来し出会うところでした（宇京 2009）。

　この町にはまた、多くの著名人が滞在しました。グーテンベルク、エラスムス、カルヴァン、ヴォルテール、ゲーテなどがあげられます。グーテンベルクが 1440 年に印刷術を発明したのはこの町でした。ゲーテは若き学生として滞在し、大学に通います。ここで「野バラ」などの詩を書きました（宇京 2009；上田 2012）。

　このようにアルザスの都ストラスブールは文化面でも輝かしい歴史を持っています。神聖ローマ帝国時代には、まさにドイツ文化の西の窓口として繁栄しました。しかし、17 世紀の前半にドイツ各地を荒廃させた三十年戦争（1618 年〜 1648 年）の結果、1648 年にはアルザス地方の一部が、1681 年にはストラスブールも含めてフランスに併合されることになります。ここに初めて、フランスに属するアルザスが登場するのです（宇京 2009；上田 2012；石坂 2013）。

　その後、1870 〜 71 年の普仏戦争ではプロイセンがフランスに勝利し、アルザスはドイツ領となります。さらに第一次世界大戦でフランスがドイツに勝利したことを機に、1918 年にフランスに返還されます。第二次世界大戦では 1940 年のパリ陥落をもってドイツに併合されます。そしてドイツの敗戦により、アルザスはフランスに復帰することになったのでした（鈴木 2012；石坂 2013）。

　このようにアルザスは、その地理的な好条件と豊かな鉱物資源を擁するがゆえに、フランスとドイツとの間で争奪が繰り返され、何度も帰属が変

わりました。そのたびに行政や教育の公用語や教育言語が変わり、異なる
制度や習慣が課せられました。またそれぞれの国の兵役義務が課せられま
した。特に第二次世界大戦では、フランス軍に徴兵され、パリ陥落によっ
てドイツ軍に編入され、さらにドイツ軍の降伏によってフランス軍に復帰
したという住民もいます（石坂 2013）。

　公用語も時代により、フランス語であったりドイツ語であったりしまし
た。それによって、子どもたちも学校で使う言語が途中で変わるというこ
ともあったのです。

　しかしアルザスの人々には、行政や教育といった公的な場面で使わなく
てはならない「フランス語・ドイツ語」という二大言語だけでなく、自分
たち自身のことば「アルザス語」があり、それがフランス人でもなくドイ
ツ人でもない、アルザス人としてのアイデンティティの核をなすものとし
て、連綿と受け継がれてきたのでした。

3 アルザス語

3.1 アルザス語とは何か

　アルザス語とは何でしょうか。それは、標準ドイツ語に対して数多く存
在する方言の一つです。アルザス語は、いくつもの変種の集合体であり、
細かく分類すると、その数は実に 12 にもなるとのことです[5]。その基礎に
は、ゲルマン人の一部族アレマン族が 3 世紀頃から、フランク族が 5 世
紀頃からこの地域で使っていた言語があり、アルザス語は、この二つを基
礎としています（宇京 2009）。

　さて、それではアルザス語はアルザスのどの地域で一番多く用いられ
ているのでしょうか。アルザス言語文化事務所（OLCA）の Bénédicte
Keck 氏の説明によれば、南部よりも北部だそうです。それは、北部の中
心であるストラスブールがアルザス文化の中心地であり、アルザス語に対
しても意識が高いからだということです。

5　アルザス言語文化事務所（OLCA）の Bénédicte Keck 氏へのインタビュー（2015 年 3 月）
　による。

一方、南部は、行政の中心こそコルマールですが、最大の都市はミュールーズです。ミュールーズは工業都市であり、そこで働く人々がフランス各地から来ているため、アルザス語がますます使われなくなる傾向にあるのだそうです。また、アルザス語は北部では社会生活のさまざまな場面で用いられるのに対して、南部では家庭の言語、威信（プレスティージ）の低い言語として認識されていて、家庭外では使いにくい環境にあるようです。

　また地理的な条件を考えても、ドイツ国境に近い北東部や、スイス国境に近い南端部では、ドイツ語圏である隣国に働きに行く人やドイツから働きに来る人が多く、ドイツ語に接する機会が多いため、ドイツ語の一変種としてのアルザス語が残りやすいということでした。

　アルザスでは、これまで標準的な書き方を決めようとするさまざまな試みが行われてきましたが、規範としての強い力を持つものはないようです。それは、アルザス語がもっぱら話しことばであって、書きことばではないという認識が強いからだと思われます。初等中等教育の現場では特に、アルザス語を教育するという名目の下に、実際には話しことばも書きことばも標準ドイツ語が教えられています。

　すでに述べたように、アルザスにはいくつもの方言がありますが、「標準アルザス語」といったものはありません。ですから、学校教育にアルザス語を導入しようとしても、どのアルザス語方言を採用するのかという問題が生じます。したがって、多様なアルザス語全体に対する筆記形態としては、標準ドイツ語を採用せざるを得ないのです（寺迫 2002）。つまり、書きことばとしてはもちろん、話しことばとしても、アルザス語は標準ドイツ語に対して弱い立場に立たざるを得ず、このことが存続が難しくなっている原因の一つと思われます。

3.2 | 現在のアルザスにおけるアルザス語使用の実態

　2012 年の OLCA の調査[6]によれば、回答者の 43％が「アルザス語をよ

6　<http://www.olcalsace.org/sites/default/files/documents/etude_linguistique_olca_edinstitut.pdf>, <http://www.olcalsace.org/fr/observer-et-veiller/le-dialecte-en-chiffres>

く話すことができる」、33％が「アルザス語を少し話すことができる、または少し理解できる」、そして25％が「アルザス語を理解できない」と答えています。「よく話すことができる」と「少し話すことができる、または少し理解できる」を合わせると、7割以上の人がレベルを問わなければ話したり理解できたりすることになります。一見すると、アルザスではまだ多くの人がアルザス語を話しているという印象を受けます。

さて、これを年齢別に見るとどうでしょうか。

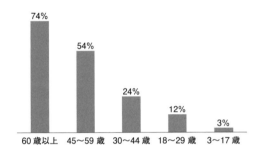

図1　年代別アルザス語を話すことができる人の割合

図1を見てください。アルザス語話者は、60歳以上の人ではその割合が7割を超え、45歳から59歳の人でも半数以上いるのに対し、18歳から29歳では12％と激減しています。さらに3歳から17歳ではわずかに3％になってしまいます。この数字から、アルザス語の話者が急激に減少していることが分かります。アルザス語の話者は圧倒的に高齢者に偏っており、このままの状態ではアルザス語が絶滅する危険性もあります。だからこそ、今アルザス語を地域語として、また地域住民の継承語として保護し、教育していく必要があると考えられているのです。

4　フランスの言語政策とアルザスの言語状況[7]

1789年のフランス革命以降、フランスでは徹底した標準フランス語化

7　本節に関しては、石坂（2013）参照。

が進められました。フランスという国土に多数あった言語や言語変種は
「方言」とされることによって、公式の場面では避けるべき言語となりま
した。行政機関や教育機関では、国家の言語であり「正しいことば」とし
てフランス語だけを使うことが推し進められました。その結果、いくつか
の地方語が絶滅の危機に瀕するようになりました。アルザス語もまた、ア
ルザスがフランスという国に帰属している限り、公的場面からは排除され
駆逐されるべき言語でした。それは、家族間や友人同士の会話など、プラ
イベートな領域でのみ使われるものとなりました。

　フランスがドイツに勝利し、この地方が再びフランスに帰属することに
なった第二次世界大戦後も、1952年まで（アルザス語の書きことばとし
ての）ドイツ語は小学校でも教えられず、幼稚園や小学校などでアルザス
語（やドイツ語）を話した者には罰則さえ課されました。それは沖縄など
でも用いられた「方言札」と同様の罰札で、アルザス語を話した生徒は罰
としてその札を渡され、ほかの生徒がアルザス語を話すのを見つけて手渡
すまで持っていなければならないというものでした。そうして、アルザス
語を話すことが悪いこと、いけないことだという意識づけがなされたので
した[8]。

　第二次世界大戦の悲惨な経験から、アルザス語もしくはドイツ語は、ア
ルザスを侵略したナチス・ドイツに結びつく言語であり、ドイツ的なもの
をアルザスから払拭しようとする戦後教育の中では、アルザス語とドイツ
語の排斥はやむを得なかったということもあります。このようにアルザス
人は、戦後自らのことばを捨てざるを得なかったのです。

　学校教育では、地域史や地域文化史を扱うことも、ドイツ史がそこに入
り込むという理由で排除されました。新聞・雑誌もアルザス語の書きこと
ばであるドイツ語単独のものは禁止され、最低25％はフランス語の記事
を載せなければなりませんでした。また見出しのすべてと、スポーツ欄、
青少年欄は必ずフランス語と規定されました。若者が一番関心を持つであ
ろう青少年欄などをフランス語とすることは、この地方の青少年が新聞・

8　ストラスブール大学の Andrea Young 氏へのインタビュー（2015年3月）によります。
　田中（1981）、石坂（2013）も参照。

雑誌のドイツ語に接する機会を奪ったと言ってよいでしょう。

　戦後、フランス各地で地域語復興運動が始まりましたが、1950 年代からアルザスでも自分たちの母語であるアルザス語とその書きことばであるドイツ語の復権ならびにその教育を実現するための運動が起こりました。1952 年に本人と保護者の同意がある場合にのみ、小学校の最終 2 学年（4年生と 5 年生）で週 3 回のドイツ語授業が許可されました。しかし、それは教員組合の強い反対とサボタージュに遭い、ほとんど実行されませんでした。

　こうして、戦後のアルザスでは、アルザス語ないしはドイツ語を話したり理解したりすることのできる者がどんどん減少し、住民のアイデンティティの拠り所となるアルザス語が危機的な状況に追い込まれていきました。こうした中、アルザス語の復興と仏独二言語教育の要求が広く叫ばれるようになっていきます。

5 アルザス語復興運動[9]

5.1 ルネ・シッケレ協会

　第二次世界大戦後のアルザス語の衰退は、その母語話者たちにとっては大きな問題でした。このような状況に危機感を覚えた人たちによって 1968 年にルネ・シッケレ協会が設立されました。アルザスの生き証人とされ、フランスとドイツの文化の融合を促進するために闘ってきた詩人、ルネ・シッケレの名を冠するこの協会は、アルザス語とドイツ語の復権のために尽力しました。機関誌『邦と言語』（*Land un Sproch*）やポスターなどによる啓蒙活動を今日に至るまで続けています。協会のモットーは「二言語こそわれらの未来」（Zweisprachigkeit: Unsere Zukunft）で、この協会の活動がバイリンガル（二言語）教育を行う小学校の設立につながっていきます。図 2 は、ルネ・シッケレ協会が、アルザス語の危機を知らせ、その教育の必要性を訴えるために作ったポスターです。

9　本節に関しては、<http://www.culture-bilinguisme.eu/>，金子（1999）、宇京（2009）、石坂（2013）を参照。

第 12 章　危機に瀕するアルザス語　　**173**

図2　ルネ・シッケレ協会のポスター

孫：（フランス語で）「おじいちゃんどうしてアルザスにもうこうのとりが来ないの？」
祖父：（アルザス語で）「坊や。いいかい。こうのとりがアルザスの上へ飛んできてもフランス語ばっかりしゃべってるのを聞くと、まだ着かねえんだなと思って飛びつづけていっちまうんだよ。」

孫の脇にはフランス語で「アルザスを汚すな！」、祖父の脇にはドイツ語で「二言語使用こそわれらの未来」、下にはアルザス語で「子どもたちにアルザス語を教えよ！」と書かれています[10]。

5.2 アルザス語復興の道のり[11]

ルネ・シッケレ協会などの活動もあり、1972年には小学校の最終2学年（4年生と5年生）に毎日30分、アルザス語の潜在的能力を活用したドイツ語の授業が導入されました。

10　訳は金子（1999: 130）に基づき、一部変更しました。
11　本節に関しては、石坂（2013）参照。

1981 年のミッテラン政権の時代には、アルザスの両県議会が幼稚園での母語による教育と、小学校 2 年生からのドイツ語授業の実施を要求しました。

　こうした動きを受けて、1982 年になると、フランス政府はドイツ語をアルザス語の文章語として公認し、幼稚園から高等中学まで実験的に二言語学校を導入しました。同時にドイツ語教員の養成促進や、バーデンの小学校との交流などの新しい事業が行われましたが、これには地域圏の権限強化で財政支援が容易になったという背景があります。また、ドイツ語による看板や街路表示が復活しました。

5.3 アルザス言語文化事務所（OLCA）[12]

　さて、ストラスブールには、ルネ・シッケレ協会とは別にアルザス・バイリンガル普及地方事務所（ORBI）がありました。この組織は 1994 年に設立され、後にアルザス言語文化事務所（以下、OLCA）に名称が改められました。この組織の活動はすべて公的な資金で賄われていて、以下の目標を掲げています。

- ・アルザス語を世代から世代へと伝えるために尽力する。
- ・講演会、セミナーなどを開催し、知識の普及に努める。
- ・アルザス語を学びたい人たちの学習を援助する（市民講座の運営、学習教材の製作、アルザス語によるテレビ、ラジオの放送など）。

　OLCA は、学校での継承語教育よりも、家庭で使うことが大切であると主張しています。それは、学校で習うだけでは教科として終わってしまい、子どもが言語の使用価値を如実に感じられるのは家庭であると考えているからです。この考えに基づいて、OLCA では家庭でのアルザス語使用を促進するために、家庭の中で使える、さまざまな生活場面に即した語彙リストや絵本などの制作にも力を入れています。

12　本節に関しては、OLCA の Bénédicte Keck 氏へのインタビュー（2015 年 3 月）によります。寺迫（2002）も参照。

第 12 章　危機に瀕するアルザス語　**175**

6 アルザス語教育

　アルザスでは現在、公立私立を問わず、仏独のバイリンガル教育を行っ
ている学校がありますが、ここではその嚆矢となり、公立学校の教育のモ
デルともなった私立の **A.B.C.M. Zweisprachigkeit** という教育機関を紹介
しましょう。これは、1991 年にアルザス語の継承を願う保護者によって
設立されたもので、幼児期からの二言語併用教育を推進しており、それに
基づいた幼児教育、および小学校教育を行っています。この機関は、現在
アルザスとロレーヌ、ならびにドイツのバーデン・ヴュルテンベルクに合
計 11 校を擁しています。ここでの教育方針は以下のとおりです。

- ・ バイリンガル教育の早期開始
- ・ 目標言語に対する集中的接触
- ・ 日常の活動における目標言語の使用
- ・ 継続性
- ・ 一教員一言語
- ・ 母語話者教員の登用

　この方針によって、この組織の学校では、2 歳半もしくは 3 歳から徹底
的なバイリンガル教育を行います。教員はすべて三言語（フランス語、ア
ルザス語、ドイツ語）ができますが、一教員一言語の原則から（この場合
アルザス語とドイツ語は一つの言語とカウントされます）、生徒の前では
「フランス語話者」とされている先生はドイツ語もしくはアルザス語を話
してはならず、またその逆も然りです。筆者らの現地調査にあたっても、
生徒の前では「フランス語話者」の教員とはフランス語のみ、「ドイツ語
話者」の教員とはドイツ語のみで話すことを確約させられました。子ども
たちも、フランス語話者の先生はドイツ語ができないと思っているようで
した。
　学校内では、週 4 日の授業のうち 2 日ずつ、それぞれフランス語とド
イツ語が使われています（この学校では水曜日は授業がありません）。つ

まり、曜日によって全校がフランス語もしくはドイツ語ですべての活動を行うことになります。

教科による言語の割り当ては、数学はドイツ語のみで教えていて、地理や歴史は章ごとに言語を変えます。芸術、音楽、体育は両言語で、フランス語と情報教育はフランス語のみで教えています。

学校ではドイツ語だけでなく、ドイツの文化（ドイツの車や音楽や芸術、祭りなど）も扱い、仏独の文化の比較も行っています。また、地理的に近いことから、ドイツには遠足でもよく行くとのことでした。また、ドイツの学校との文通もしており、年に1度、お互いに会って、ドイツ語で交流しています。

教科書は、フランス、ドイツ、ルクセンブルクのものを使用していますが、フランスのカリキュラムに合わせるために、独自の教材も使っているのだそうです[13]。

OLCA の Keck 氏によると、A.B.C.M. Zweisprachigkeit は、バイリンガル教育の成果をあげているために、入学希望者が多いのですが、家庭内でもアルザス語（もしくはドイツ語）を話すという方針から、入学には親もバイリンガルであるという条件があるために、なかなか実際の入学者は多くならないとのことでした。

教員も、高い言語能力を持った人を見つけることが簡単ではないことから、ここ20年ほど、学校数を増やすことができていません。教員研修は、この組織が積極的に行っていますが、ストラスブール大学でもA.B.C.M.バイリンガル教育のためのマスター（Master 1/Master 2）レベルの教育が行われています。

7 おわりに――バイリンガル教育と地域語アルザス語のゆくえ

第二次世界大戦後のアルザスでは、自らのアイデンティティの拠り所となるアルザス語と、アルザス語の書きことばである標準ドイツ語を教育現

---

13 以上の内容は、現場の教員へのインタビュー（2015年3月）によります。

第12章　危機に瀕するアルザス語　**177**

場に取り戻す運動が行われ、その結果としてドイツ語が教えられるだけでなく、それを授業言語とするバイリンガル校やバイリンガルクラスが設置されてきました。幼児教育から始まったそれは、現在では高校卒業まで二言語で学び、仏独両国の高校卒業資格をとることができるまでになっています[14]。

　筆者らの公立小学校の教員へのインタビュー（2016年3月）によると、教育熱心な保護者は自分の子どもたちにバイリンガルとして育ってほしいという希望を持っている人が多いようでした。しかし、そのバイリンガルの内容は、実はフランス語・英語が一番望ましいが、それは行うことができないので、次善の策としてフランス語・ドイツ語の教育を受けさせるのだという保護者もいるとのことでした。彼らがバイリンガル教育を求める背景には、単にアルザス人であるから、アイデンティティの源泉であるアルザス語ができるようになりたいという欲求だけではなく、ヨーロッパの中心に位置するアルザスで、ヨーロッパの二大言語であるフランス語と、アルザス語の書きことばである標準ドイツ語ができることが、子どもたちの将来の生活を経済的にも確かなものにするという意識が働いているものと思われます。

　地域語としてのアルザス語が生き残るためには、このような欲求を教育に反映させていくことは不可欠です。しかしながら、家庭生活で祖父母の世代からその子どもたちへ、さらに孫たちへと受け継がれるべき話しことばとしてのアルザス語はどうなっていくのでしょう。OLCA は家庭内でのアルザス語使用を促進するために、アルザス語の教材作成や成人教育なども行っています。しかし、学校におけるバイリンガル教育が充実すればするほど、フランス語と標準ドイツ語ができる生徒は育ちますが、同時にそれは地域語としてのアルザス語の影をますます薄くすることにならないでしょうか。いや、今まさにアルザス語はそのような危機に瀕していると言うべきなのではないでしょうか。

14　視学官 Philippe Guilbert 氏へのインタビュー（2016年3月）によります。

ディスカッション・ポイント

1. 言語と国境について調べ考えてみましょう。たとえば、ドイツ語はどの国で公用語となっているでしょうか。またドイツ語が国の公用語にはなっていなくても、地域の公用語（もしくは地域語）として使われているのはどこでしょうか。

2. UNESCO の Web サイト（http://www.unesco.org/languages-atlas/）で、日本には絶滅の危機に瀕している言語がいくつあるとされているか調べ、なぜそれらが危機に瀕しているのか考えてみましょう。

3. 明治以降、日本が北海道、沖縄、朝鮮や台湾で行った言語教育がどのようなものであったかを調べ、そのような教育を行った理由を考えてみましょう。

参考文献

石坂昭雄（2013）「ヨーロッパ史におけるアルザス＝ロレーヌ／エルザス＝ロートリンゲン地域問題 ── 地域・言語・国民意識」『札幌大学総合研究』4, 139-177.

上田和彦（2012）「ストラスブール」田村毅・塩川徹也・西本晃二・鈴木雅生（編）『フランス文化事典』丸善出版，pp. 554-555.

宇京頼三（2009）『ストラスブール ── ヨーロッパ文明の十字路』未知谷

金子亨（1999）『先住民族言語のために』草風館

鈴木隆美（2012）「アルザス」田村毅・塩川徹也・西本晃二・鈴木雅生（編）『フランス文化事典』丸善出版，pp. 550-551.

田中克彦（1981）『ことばと国家』岩波書店

寺迫正廣（2002）「フランスの地方語とバイリンガル教育 ── アルザス語の場合」『言語と文化』1, 119-137.

ドーデ, A.（1959）『月曜物語［改版］』（桜田佐訳）岩波書店［Daudet, A. (1873) *Contes du lundi.* Paris: Lemerre.］

第**13**章

多言語社会ルクセンブルク
移民社会の到来と言語能力維持のための課題

小川敦

　買い物をするとき、新聞を読むとき、学校で授業を受けるとき、友人と会話するときなど、相手や場面によって日常的に言語を使い分けるという生活を思い浮かべてみてください。また、以前はある言語の方言とされてきた自分たちのことばを、独立した一つの言語にしてしまった、そんな歴史を想像してみてください。この章では、ルクセンブルクという国[1]を例に、多言語社会が形成されてきた歴史と、教育によって多言語社会を維持する上での課題や意味について考えていきます。

---

1 はじめに

　ルクセンブルクはドイツ、ベルギー、フランスの三つの国に囲まれた、神奈川県と同程度の面積の小さな国です。ここではフランス語、ドイツ語、ルクセンブルク語の三つの言語が用いられています。スイスのように、ある地域ではドイツ語が、別の地域ではフランス語が話されている、というのではなく、一人一人が三つの言語を用います。日本に住む多くの人は、買い物をする時も、小学校での授業でも、友人とメッセージをやり取りするときも日本語を用いると思います（もちろん日本語にもさまざまな方言や様式があります）。私たちはある共同体で一つの言語だけを用い

1　正式な名称は「ルクセンブルク大公国」ですが、この章では通称である「ルクセンブルク」を用います。

180

ることを「普通」と捉えがちですが、ルクセンブルクではそれは普通のことではなく、場面や相手に応じて言語を使い分けることが日常です。フランス語、ドイツ語、ルクセンブルク語の三つの言語が使われているルクセンブルクですが、なぜそのような社会になったのでしょうか。また、このような多言語社会を維持するために、どのような努力がなされているのでしょうか。

2 ルクセンブルクの地理と人口

　ルクセンブルクが多言語社会であることは、その地理的条件と歴史が密接に関連しています。ヨーロッパにおけるルクセンブルクの位置を地図で実際に確認してみましょう（p. 165 の地図参照）。ルクセンブルクは西ヨーロッパの中心に位置し、国境の東側はドイツ、南側はフランス、西側はベルギーに接しています。西側の国境線はフランス語圏とドイツ語圏の境とほぼ重なり、ルクセンブルクは言語的にはドイツ語圏に含まれます。

　次に人口に目を向けてみましょう。2016 年現在、ルクセンブルクの人口は 57 万 6200 人ほどで、そのうちの 46％以上にあたる 26 万 9200 人が外国籍の住民、すなわち外国人です[2]。外国人の割合は増え続けており、間もなく人口の半分を超えるのではないかとも言われています。特に多いのはポルトガル人（9 万 3100 人、人口の 16.2％）で、次にフランス人（4 万 1700 人、同 7.2％）、イタリア人（2 万 3000 人、同 3.5％）、ベルギー人（1 万 9400 人、同 3.4％）、ドイツ人（1 万 2800 人、同 2.2％）と続きます。ルクセンブルクの首都は国名と同じ名前のルクセンブルク市で、国内最大の都市です（人口 11 万 4000 人）[3]。古くから工業が発展した南部に比較的人口が多く集まっているのが特徴です。

2　ルクセンブルク政府統計局によります。<http://www.statistiques.public.lu/>

3　ルクセンブルク市 Web サイト参照。Etat de la population 2016 <http://www.vdl.lu/vdl_multimedia/Publications/La+ville/Etat+de+la+population+2016.pdf>

第 13 章　多言語社会ルクセンブルク

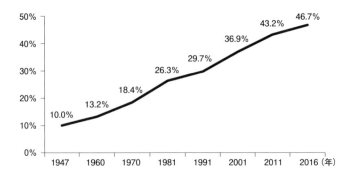

図1 人口における外国人の比率
（ルクセンブルク政府統計局資料[4]をもとに筆者作成）

外国人が多いだけでなく、毎日国境をこえてくる越境通勤者の数も増えています。2014年では約16万4000人が毎日ルクセンブルクに通勤しており、そのうち約半分の8万2000人がフランスから、4万1000人がベルギーから、4万人強がドイツから通っています（Michaux 2015）。ルクセンブルクは工業のみならず第三次産業が高度に発展しているために賃金が高く、また多くの雇用を創出しています。

3　ルクセンブルクの言語の歴史[5]

1839年のロンドン協定により、ルクセンブルクは現在のベルギー領リュクサンブール州であるフランス語圏を失い、現在の国境線を持つ国家となりました。フランス語圏を領有しないのにも関わらず、1848年の憲法から一貫して、フランス語はドイツ語とともに公用語とされてきました。しかし、二つの言語の用いられる領域[6]は異なっており、フランス語は知識階層の言語と認識され、行政機関の文書に用いられてきました。一方、ドイツ語は民衆の誰もが理解しなければならない場合、たとえば地方

4　<http://www.statistiques.public.lu/> 参照。
5　詳しくは、小川（2015）を参照。
6　その言語を用いる参加者、テーマや場面をまとめて、「領域」と呼びます。

自治体の文書などで用いられるなど、フランス語の補助的な役割を担ってきました。

　1839 年に近代国家が成立したとき、民衆のほとんどは自らを「ルクセンブルク人」とは認識していませんでした。その後、徐々に国民意識が醸成、共有されます。それとともに、自分たちのドイツ語方言はルクセンブルク特有の言語であるという意識が芽生えました。1940 年から 1944 年まで続いたナチス・ドイツによる支配によって、もはやドイツ語の一方言などではなく、独立した言語「ルクセンブルク語」であるという国民的なコンセンサスが得られました。ナチスはルクセンブルクをドイツの一部として支配下に置き、フランス語の人名（ルクセンブルク人のファーストネームはフランス語であることがほとんどです）、授業、道路、書物などを徹底的に禁止しました。ルクセンブルク語もドイツ語方言の一つでしかないとして認めませんでした。ナチスによる徹底したドイツ化政策によってもたらされた反ドイツ感情は、そのままドイツ語への反感、ルクセンブルク語への愛着、母語意識へと結びつきました。しかし、フランス語は誰もが読み書きできるわけではなく、ルクセンブルク語は話しことばでのみ用いられる状況の中で、どれだけドイツ語が嫌いになってもドイツ語は誰もが理解できる書きことばであり、日常生活には不可欠な言語でした。

　フランス語やドイツ語は学校で徹底的に読み書きを教えられますが、ルクセンブルク語はもっぱら話しことばとして用いられるだけで、学校できちんと教えられることはありません。このため、第二次世界大戦後になってもとりわけルクセンブルク国外には、ルクセンブルク語をドイツ語の一方言と捉える者が多くいました。国外からのそのような認識を改めてもらうため、言語の地位を定めた「言語法」が 1984 年に作られました [7]。

　言語法では、ルクセンブルクの唯一の国語 [8] はルクセンブルク語であると規定しています。一方、行政や司法ではフランス語、ドイツ語、ルクセンブルク語のどれを使ってもよいことが明記され、すなわち三言語のどれ

---

[7]　正式名称は「言語の規制に関する 1984 年 2 月 24 日の法」（Loi du 24 février 1984 sur le régime des langues）です。

[8]　フランス語で langue nationale とされ、「国民語」と訳されることもあります。

第 13 章　多言語社会ルクセンブルク　**183**

も公用語です。また、行政機関に書面で申請があった場合、「可能な範囲で」申請者の用いた言語で答えるべきであるとされています。これは、もし確立された書きことばを持つフランス語やドイツ語ではなく、主に話しことばで用いられ、書かれる機会の少ないルクセンブルク語で文書による問い合わせがなされた場合に、役人は返答の文書をルクセンブルク語で作成しなくてもよいことを意味します。言語法が議論されていた当時、ルクセンブルク語をフランス語やドイツ語と同様に書きことばとして運用するというのは考えづらいことでしたが、将来的には三言語のうちどれを用いても回答できるようにという期待のもとに作られました。

　これまでルクセンブルクの言語の歴史について見てきましたが、言語法から30年以上経った現在、ルクセンブルク社会は大きな変化を遂げ、それに伴い三言語の役割も徐々に変化しています。次に、実際の使用について見ていきましょう。

4　三言語の実際の使用

　ルクセンブルク語は、長い時間をかけてルクセンブルク国民を象徴する言語として育成されてきました。一方、フランス語やドイツ語も重要な役割を担っています。ルクセンブルクのこの多言語状態を、「三言語併存」（triglossia）と呼びます。これら三言語は、使用される領域がある程度区分されています。

　フランス語は、唯一の法律の言語であり、行政機関の文書や公共施設の表示等に用いられ、常にドイツ語よりも公的な印象を持たれる言語です。ドイツから自動車や鉄道でルクセンブルクに入ると、表示は一斉にフランス語に変わり、ここはフランス語圏なのだと意識させられます。フランス語教育は初等教育の早い段階で始まり、中等教育の前半（日本では中学校に相当）では一部の科目で、後半（高校に相当）からはほとんどの科目で授業言語にフランス語が用いられます（学校の種類によって少しずつ異なります）。また、フランスやベルギーのフランス語話者、イタリアやポルトガルなど系統的にフランス語に近い言語を話す外国人とのコミュニケー

ション手段ともなっていますし、企業などでも多く用いられる言語です。Fehlen（2009）の調査によれば、最もよく話す言語を五つあげてもらった際、フランス語はルクセンブルク人、ポルトガル人、フランス人、イタリア人、ベルギー人のどの国籍の人にも話され、ルクセンブルク語やドイツ語を大きく引き離しています。このことから、ルクセンブルクにおいて最も通用する言語となっています（Fehlen 2009）。

表 1　国籍別：五つの最もよく話す言語

国籍	フランス語	ルクセンブルク語	ドイツ語	英語
ルクセンブルク	96％	98％	92％	68％
ポルトガル	96％	54％	38％	30％
フランス	97％	42％	50％	62％
イタリア	97％	54％	46％	45％
ベルギー	99％	50％	58％	75％

（Fehlen (2009) より筆者改訂）

　ドイツ語は、法的には長年公用語の地位にありますが、威信ではフランス語には及びません。それは地方行政の文書でドイツ語が用いられる一方、中央政府の文書ではフランス語が多用されることが多い点にも表れています。ドイツ語に非常に近いルクセンブルク語を第一言語とする人々にとって、ドイツ語はほぼすべての人が理解できる書きことばだからです。そのため、国内で発行される新聞や雑誌には、伝統的にドイツ語が多く用いられてきました。二つの大きな新聞はどちらも記事の多くがドイツ語で書かれています[9]。学校教育でも初期段階からドイツ語が教えられ、日本の小学校に相当する学年の授業は、ほとんどがドイツ語で行われます。しかし、ドイツ語が実際に話される場面は、学校教育やカトリック教会の一

9　Luxemburger Wort 紙と Tageblatt 紙。紙面の大部分はドイツ語ですが、記事によってはその中にフランス語の記事が入っていたり、文化欄はフランス語の記事が多めだったり、死亡記事は定型文であることからほとんどがルクセンブルク語で書かれていたりします。記事によってはフランス語やルクセンブルク語も用いられます。最近では L'Essentiel など無料の新聞も存在し、急速に部数を伸ばしています。この新聞は Web ではフランス語版、ドイツ語版どちらも存在しますが、街頭で配られるのはフランス語版です。

部、ドイツ語圏出身者とのコミュニケーションなどに限られています。

ルクセンブルク語は、ルクセンブルク人のアイデンティティの象徴と考えられ、話しことばであれば、社会階層や場面を問わず用いられます。議会での議論もルクセンブルク語です。書きことばとしてはフランス語やドイツ語のようには用いられませんが、近年はメールやSNSなど個人間のやり取りで頻繁に用いられるようになってきました。しかし、綴り字を定めた正書法は存在するものの、公式な場で書きことばとして用いられることはまだ少ないようです。学校教育でもドイツ語やフランス語の習得に力が注がれ、ルクセンブルク語を読み書きする訓練はあまり行われていません。

企業などの仕事場において使用される言語は、分野によって大きく異なります。下の図からも分かるように、フランス語は民間部門でも公共部門でも重要な言語となっています（ここでは話しことば／書きことばは区別していません）。一方で民間では、ドイツ語やルクセンブルク語は半分以下となっていますが、公共部門では重要な言語であることが分かります。

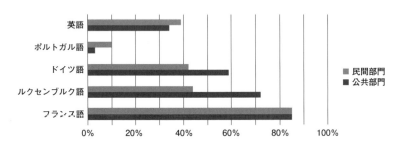

図2　仕事場において不可欠な言語

(Fehlen (2009) より)

5 移民社会の到来と言語イデオロギー

ルクセンブルクでの日常生活はフランス語のみでも送ることができますが、すべての情報がフランス語によって手に入るわけではありません。選挙演説ではルクセンブルク語、学校ではドイツ語が使われたりするなど、

三言語が理解できて初めてルクセンブルク社会での生活に意味が出てきます。ここには、ルクセンブルク人とはルクセンブルク語を第一言語として話し、教育によってフランス語とドイツ語を身につけ、自在に操るのだという言語イデオロギー、そして言語政策が根底にあります。

　ルクセンブルクでは外国人に積極的にルクセンブルク国籍を取得してもらうため、2009 年に発効した新国籍法で重国籍を許可しました（小川 2015: 170）。帰化の条件にルクセンブルク語の口頭試験への合格が課されました。これは、ルクセンブルク語が「ルクセンブルク人」としての試金石であり、排除と包摂の機能を担わされていることにほかなりません。こういった潮流もあり、近年外国人向けのルクセンブルク語の教材が増えています。今後ルクセンブルク語が本格的に書きことばとして運用される機運が高まる可能性もあります。

6 ルクセンブルクの言語教育と課題

6.1 ルクセンブルクの言語教育

　ルクセンブルクでは、幼児教育と日本の小学校に相当する教育を完全に一体として運用しています。幼児教育の 2 年間を「サイクル 1」、小学校 1・2 年生相当の学年を「サイクル 2」、3・4 年生相当を「サイクル 3」、5・6 年生相当を「サイクル 4」と呼びます。サイクル 1 から 4 まで一貫したカリキュラムが用いられており、サイクル 1 から 2 へと生徒のポートフォリオが引き継がれています。サイクル 1 よりも 1 年早い 3 歳から早期教育が受けられますが、こちらは義務ではありません。

表 2　ルクセンブルクの初等教育

10・11 歳（2 年）	サイクル 4	小学校相当
8・9 歳（2 年）	サイクル 3	
6・7 歳（2 年）	サイクル 2	
4・5 歳（2 年）	サイクル 1	幼児教育相当
3 歳（1 年）	早期教育	

ルクセンブルクの多言語社会の根底にある、ルクセンブルク語を第一言語とし、フランス語とドイツ語の運用能力を身につけるというモデルは、言語教育によって支えられています。3歳からの早期教育、および1993年より義務化されているサイクル1では、ルクセンブルク語が用いられます。これは、家庭でルクセンブルク語を話さない子がルクセンブルク語に早期に親しむことで、サイクル2から導入されるドイツ語教育にスムーズに入れるようにするためです。6歳からのサイクル2では、週8時間のドイツ語の授業が始まります。初めてアルファベットの読み書きを習う言語はドイツ語なのです。サイクル2の2年目の後半（小学校2年生の後半に相当）からは、フランス語の授業が始まります。サイクル3からは、ドイツ語が週5時間、フランス語が週7時間となり、フランス語は時間数でドイツ語を上回ります。サイクル2から4まで、算数などほかの教科もフランス語の授業などを除いて基本的にドイツ語で教えられます。一方、ルクセンブルク語はサイクル1でこそ用いられますが、サイクル2からの6年間と中等教育の1年生まで週1時間が割り当てられるのみです。フランス語やドイツ語のように、徹底した読み書きの訓練がされることもありません。ドイツ語を習得しながら、その上でフランス語を身につけるという言語教育に多くの時間を割くのが、ルクセンブルクの言語教育の特徴です。

表3　初等教育における言語科目の数と授業言語 [10]

言語科目	早期教育 & サイクル1	サイクル2-1（6歳）	サイクル2-2 前期（7歳）	サイクル2-2 後期	サイクル3・4
D	-	8	9	8	5
F	-	-	-	3	7
L	-	1	1	1	1
授業言語	L	D	D	D (F)	D (F)

（Berg & Weis (2005: 68) より筆者改変）

10　D＝ドイツ語、F＝フランス語、L＝ルクセンブルク語。数字は時間数（授業数）。

中学校・高校に相当するのは中等教育で、主に大学への進学などを前提としたリセ（lycée）と、それ以外のリセ・テクニック（lycée technique）の二つがあります。リセへは初等教育での成績がよかった生徒が行くことになっています。義務教育は16歳まで続きます。リセでは、最初の3年間（日本の中学校に相当）の授業は主にドイツ語で行われ、後半はフランス語で行われます。一方、リセ・テクニックでは、フランス語や数学を除くほとんどの授業はドイツ語で行われています[11]。英語教育はリセでもリセ・テクニックでも2年目から始まります。

　このように、ルクセンブルクの言語教育は、ルクセンブルク語が第一言語であることを前提として、まずドイツ語の教育を行い、その後フランス語の教育を行うというものです。ドイツ語は容易に習得できる一方、フランス語は習得が難しく、伝統的にフランス語の出来不出来は社会的な地位と連動してきました。

6.2 | 移民の急増と課題

　現在、ルクセンブルクには多くの外国人が住んでいます。彼らの中にもさまざまな背景を持つ人たちがいるため一様ではありません。しかし、中でもポルトガル系の住民を中心に、ルクセンブルクの教育システムで困難を抱えている人たちは少なくありません。ルクセンブルク人の児童にとってドイツ語は常にテレビで流れてくる「知っている」言語ですが、家庭でポルトガル語を話し、親がドイツ語やルクセンブルク語を解さない児童にとっては、ドイツ語は「知らない」言語です。そのため彼らはルクセンブルク語を第一言語とする子どもに比べてドイツ語による教育で困難を抱えることになります。日常生活においてルクセンブルク語やフランス語は不可欠であっても、ドイツ語は学校の中だけで用いる言語であり、学習動機を見失いがちであることも、ドイツ語が心理的に遠ざけられる理由です。教育省のデータによれば、2014/2015年度では幼児教育（サイクル1）の児童のうち、家庭での第一言語がルクセンブルク語であるのは35%に過

11　ルクセンブルク教育省Webサイトによります。<http://www.men.public.lu/>

第13章　多言語社会ルクセンブルク　**189**

ぎず、一方でポルトガル語と答えたのは29％に及びます（MEN 2016）。また、成績の上位30〜40％ほどが行くリセの在学生の家庭での第一言語は、（徐々に減ってはいるものの）ルクセンブルク語と答えたのが67％、ポルトガル語と答えたのが9％となっています。一方、リセ・テクニックでは、ルクセンブルク語が第一言語なのは44％、ポルトガル語は31％となっており、人口比から考えてもリセのほうがルクセンブルク語を第一言語とする生徒の比率が圧倒的に高く、学歴に格差ができていることが分かります。

　最近の調査によれば、移民の家庭は、非移民の家庭に比べて社会経済的に低い地位にある傾向であること、また家庭での言語がゲルマン系言語（ルクセンブルク語もしくはドイツ語）でない家庭は、同様に社会経済的に低い地位にあることが指摘されています。さらに、ドイツ語の成績に如実に差がついていることも指摘されています。一方、フランス語を家庭での第一言語とする児童の社会経済的状況は、ルクセンブルク語もしくはドイツ語を第一言語とする児童と大きな差はありません[12]。

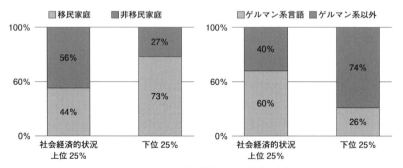

図3　サイクル3-1（小学校3年生相当）の出自
　　　および家庭での言語による経済状況
（Martin, Ugen, & Fischbach (Eds.)(2014: 37) より）

12　サイクル3-1でのドイツ語難易度中位レベルの問題の正答率は、作文ではルクセンブルク語もしくはドイツ語を家庭の言語としない生徒は77％、ルクセンブルク語もしくはドイツ語を家庭の言語とする生徒は92％、話す能力は各々80％、および98％となっています。一方、社会経済的に下位25％にある生徒の作文の正答率は77％、上位25％にある生徒は94％、話す能力は同85％、および96％となっています（Martin, Ugen, & Fischbach (Eds.) 2014）。

ルクセンブルクの教育システムは初等教育の成績によって中等教育の学校を決められることからも分かるように、格差を作りやすいものです。さらに社会経済的な格差やドイツ語による教育など言語的なハンディキャップが加わることで、より格差が拡大しやすくなっていることが問題視されています。教育の格差はその後のキャリア形成に大きな影響を与えることから、現在の状況は機会の平等に反し、人権への配慮に欠けているという指摘が以前からされています。

　もちろん、ルクセンブルク政府も手をこまねいているわけではありません。1993 年から幼児教育を義務化したことをはじめ、ルクセンブルクに来たばかりの子どもには受け入れ授業、ドイツ語が不得意な子には取り出し授業を積極的に提供し、可能な限り不平等を解消しようと努力しています。一方で、現在のドイツ語を基盤にした初等教育システムは、少なからぬ子どもたちにとって破綻したものであるという批判があります。その一つに、フランス語も公用語なのだから、希望者にはドイツ語ではなくフランス語による識字とフランス語による初等教育の選択肢も設けるべきだという意見や、ドイツ語とフランス語の二言語学校を作り、どちらか得意なほうを伸ばすべきだという意見や政策提言もなされてきました（Weber 2009; Pettinger & Heggen 2012）。これらを実行すればフランス語という公的な情報へアクセスする権利は保障されるかもしれませんが、人によって受けた教育に違いが出てしまい、社会を分断させかねません。そして何より、初等教育はドイツ語で行い、その中で徹底的にフランス語を身につけることによって三言語を操れるようになるという、これまでの言語教育政策を根本的に転換することになるため、ルクセンブルク政府としては二の足を踏まざるをえません。

　この答えはどこにあるのでしょうか。ルクセンブルクは今、これまでの秩序立った多言語社会を維持できるのか、現実との間のジレンマと闘い続けているのです。

第 13 章　多言語社会ルクセンブルク　**191**

7 おわりに

西ヨーロッパの中心にある小国・ルクセンブルクの多言語状況は長い歴史の中で作られてきたものです。その歴史の中でルクセンブルク語という新しい言語が育てられ、独立した言語としての地位を得るようになりました。今日ではルクセンブルク語は場面こそ限定されますが、書きことばとしても用いられます。

フランス語が書きことばとしても話しことばとしても重要性を保つ一方、ドイツ語のプレゼンスは落ちてきているようにも思えます。しかしドイツ語は、その習得がルクセンブルク語を書く際の前提になっていることや、ドイツ語圏という巨大な世界にアクセスするための言語でもあり、今日でも重要な役割を担っています。

今日、ルクセンブルクでは人口の半分近くを外国人が占めるようになっています。これまでルクセンブルク人の多言語能力を育ててきた言語教育が、移民社会の到来により社会的な格差を再生産し続けていることが指摘されており、解決策が模索され続けているのもまた事実です。統計上は住民一人あたりの GDP が 10 万ドルを超えるなど、一見繁栄を続ける西欧の小国ではありますが、その中にはいくつもの問題があり、解決のために多くの人が知恵を出し合っている状況です。

ディスカッション・ポイント

1. ルクセンブルクでは早期に学び始めることでフランス語の高い運用能力を保持していますが、日本で英語を早期に学んで同様の結果が得られるでしょうか。

2. もし日本国内のある方言を一つの言語として独立させ、標準日本語と併用させていくとしたら、どのようなプロセスがあり得るでしょうか。想像してみましょう。

3. 日本国内にもさまざまなルーツを持つ人が暮らしています。その中には日本語を習得するのに多くの時間がかかる人もいます。どのような

サポートが考えられるでしょうか。

参考文献

小川敦（2015）『多言語社会ルクセンブルクの国民意識と言語──第二次世界大戦後から 1984 年の言語法、そして現代』大阪大学出版会

Berg, C., & Weis, C. (2005) *Sociologie de l'enseignement des langues dans un environnement multilingue: Rapport national en vue de l'élaboration du profil des politiques linguistiques éducatives luxembourgeoises.* Luxembourg: Ministère de l'éducation nationale et de la Formation professionnelle et Centre d'études sur la situation des jeunes en Europe.

Fehlen, F. (2009) *BaleineBis. Une enquête sur un marché linguistique multilingue en profonde mutation: Luxemburger Sprachmarkt im Wandel.* Luxembourg: SESOPI Centre Intercommunautaire.

Hoffmann, F. (1979) *Sprachen in Luxemburg: Sprachwissenschaftliche und literarhistorische Beschreibung einer Triglossie-Situation.* Wiesbaden: Franz Steiner.

Martin, R., Ugen, S., & Fischbach, A. (Eds.). (2014) *Épreuves standardisées: Bildungsmonitoring für Luxemburg. Nationaler Bericht 2011-2013.* Luxembourg: University of Luxembourg/LUCET.

Ministère de l'éducation nationale (MEN) (2016) Les chiffres clés de l'éducation nationale, statistiques et indicateurs 2014-2015.

Michaux R. (2015) Regards sur l'impact des frontaliers dans la balance des paiements, Regards 08/2015. Luxembourg : Statec.

Pettinger, P., & Heggen, L. (2012) Plaidoyer pour une école bilingue. *Forum, 324,* 41-43.

Weber, J-J. (2009) *Multilingualism, education and change.* Frankfurt am Main: Peter Lang.

第**14**章

つながり方を探るドイツ・ポーランド国境地域
異言語間コミュニケーションの諸方略

木村護郎クリストフ

> 異なる言語を話す人同士の交流というと、英語を思い浮かべることが多いでしょう。しかし、いつでもどこでも英語を使うことが最適だとは限りません。それはなぜでしょうか。また英語以外にどのような可能性があるのでしょうか。ここでは、さまざまな方法で言語の違いをこえた意思疎通がはかられているドイツ・ポーランド国境地域の例を通して、異言語間コミュニケーションに多様な方略を使う可能性と意義について考えます。

1 はじめに

　ヨーロッパでは、異なる言語を話す人が出会うときは主に英語が使われていると思われるかもしれません。確かに、国際会議などの国際的な場で目立つのは英語です。一方で、欧州委員会による 2012 年の調査（European Commission 2012）によると、調査対象となった EU 市民のうち、英語が母語ではない人で「会話ができる程度に」英語が話せる人は、38％でした。13％を占める英語母語話者を足すと、かろうじて半数を超えます。半数もの人が英語で一応コミュニケーションがとれるというのは、考えてみればすごいことです。しかし、英語ができる人は、英語だけを使っていればよいのでしょうか。また英語ができない人は、ほかの言語を話す人とどのように意志疎通ができるのでしょうか。この章では、実

際に使われているコミュニケーションのためのさまざまな方略を見ていきます。「方略」というのは、聞きなれないことばかもしれませんが、「ストラテジー」のことです。「戦略」とも訳されますが、ここでは外国語教育でよく使われる「方略」ということばを使います。

第11章、第12章でとりあげてきたように、ヨーロッパにはさまざまな多言語地域があります。一方、主に単一の言語が使われる地域であっても日常的にほかの言語に接する可能性が高い地域が、言語境界となっている地域です。ここでは、ヨーロッパの言語境界地域のうち、ヨーロッパ統合の流れの中で近年、急速に国境をこえた交流が増えているドイツ・ポーランド国境の地域を、異言語間コミュニケーションが日常的に見られる事例としてとりあげます。

2 言語的な断絶から日常的な相互交流へ

ドイツ・ポーランド国境には、20世紀に中央ヨーロッパが経験した人口や国境の移動が凝縮されています。オーダー川、ナイセ川に沿って引かれたこの国境は、1945年にポツダム会談によって決定された、比較的新しい境界です。第二次世界大戦前のドイツ・ポーランド国境はもっと東にあったため、川の西側のドイツ側の住民は突如として自分たちのところにやってきた国境に直面することになりました。一方、川の東側に住んでいたドイツ人は、新しく定められたドイツ領内に避難ないし追放され、跡地には、戦後ソ連領とされた旧ポーランド東部から追放されたり、他地域から移住してきたりしたポーランド人が新たに住むことになります。長い歴史を持つ言語境界地域ではしばしば住民が両方の言語を話す「境界バイリンガリズム」が見られるのですが、この国境はそういった前提がなく、ヨーロッパで最も言語的に断絶された国境と言われました。

戦後、社会主義国同士としてドイツ民主共和国（東ドイツ）とポーランドは、表面的には友好関係にあり、国境地域でもポーランド人がドイツ側の工場で働くなど、職場での限定された出会いはありました。また国境両岸の市民の公式な友好行事なども行われていました。しかし、1970年代

第14章 つながり方を探るドイツ・ポーランド国境地域 **195**

の一時期を除いて自由な行き来ができない状況が続き、市民同士の日常的な交流が生まれる状況ではありませんでした。

　1990 年のドイツ統一によって東ドイツが西ドイツに組み込まれた後は、ドイツ・ポーランド国境は EU の東境となり、引き続き厳密な国境管理が行われました。ところが 2004 年の EU 東方拡大、さらには 2007 年のポーランドのシェンゲン域内加入による往来自由化を経て、2011 年には就業も含めた人の移動が完全に自由化されました。ものものしい検問所が取り壊され、ようやく日常的な行き来ができるようになった人々は、どのようにコミュニケーションをとっているのでしょうか。

　以下でとりあげる実例は、主にドイツ・ポーランド国境地域のちょうど中ほどにオーダー川をはさんで隣接する都市、フランクフルト・アン・デア・オーダー（ドイツ）およびスウビツェ（ポーランド）の現地調査によるものです。この両市は 1945 年以前まで川の両岸にまたがる一つの町でしたが、街中を流れる川が国境になったために分断され、川の西側にはドイツ人、東側にはポーランド人が住むようになりました。以降、両市は別々の町として発展しましたが、近年、協力関係を深めており、2012 年には、対内的・対外的に使う共通のロゴを制定しています（図 1）。ロゴは、両市が橋（写真 1）で結ばれていることを示しており、ドイツ語とポーランド語で「境界（限界）なし」と記されています。この標語には限りない可能性、という意味もこめられています。

図1　フランクフルトと
　　　スウビツェの共通ロゴ

写真1　スウビツェから
　　　フランクフルトを望む

3 主に使われる方略

　では、両市の市民の意思疎通には、どのような可能性があるのでしょうか。まず、ドイツ人とポーランド人が出会う場面で主に使われる方略を見てみましょう。筆者が現地調査の際に採集した口頭での発言や、やり取りの実例を手がかりに、それぞれの方略の特徴について考えます。なお、以下の例の話し手の略称D、Pは特定の人ではなく、それぞれドイツ人、ポーランド人を指します。［　　］内が原文です。

3.1 言語的な仲介（通訳）

> D： スウビツェの消防署はどこですか。
> P1：郡のところ、郡庁のところです。
> P2：本当にどこにあるのか、スウビツェをご存知か分かりませんが、英雄広場、英雄広場を知ってますか、英雄広場の近くに消防署があります。
> ［D: Wo ist der Standort der słubicer Feuerwehr?
> P1: B, b bei Landkreis. bei Landrat. (...)
> P2: Wo sich wirklich der Standort befindet, ich weiß es nicht ob Sie sich auskennen, in Słubice auskennen. Platz der Helden, kennst du vielleicht Platz der Helden, und in der Nähe des Platzes des Helden befindet sich, ah, die der Standort der Feuerwehr.（2013.4.9）］

　この会話は、この地域でのドイツ人とポーランド人のコミュニケーションのあり方を典型的に示しています。これは、スウビツェの消防署長が、両市の市民に対して、消防の活動について行った公開講演の後の質疑の一場面です。ドイツ人の聞き手（D）はドイツ語で質問し、講演者（P1）はポーランド人ですが、ドイツ語で答えています。一見、ドイツ語で意思疎通が成立しているように見えますが、実は相互理解をもたらしているのは

第14章　つながり方を探るドイツ・ポーランド国境地域　**197**

仲介者（P2）です。消防署長は、簡単なドイツ語会話はできるのですが、消防署の位置を正確に説明するほどのドイツ語力はありません。そこで通訳者が介入し、スウビツェの郡庁はドイツ人にとって普通は縁がなくどこにあるのか分からないので、買い物などでドイツ人も訪れる英雄広場の近くであることを補足しています。

　この講演はポーランド語で行われ、ドイツ語への通訳がついたのですが、このときのように、ドイツ・ポーランド国境地域では、ドイツ人とポーランド人の出会いの場として設定された場面で必ずと言っていいほど用意されているのが通訳です。同地域では通訳は、最も多く使われる媒介手段の一つであり、政治、経済、文化などさまざまな領域で用いられています。

　通訳を使うと、間に人が入ってまどろっこしい上にお金がかかる、というイメージがあるかもしれません。確かに通訳を介すると、相手と直接的に伝え合わないので、親密な人間関係の形成は難しいでしょう。一方で、上の例のように、仲介者がいることで相互理解が深まり、コミュニケーションがむしろ円滑に進むということもあります。通訳者の役割は、単に言語を置き換えるだけではないのです。

　また通訳者を雇ったり、同時通訳の場合は機材が必要だったりと、通訳は確かに費用がかかります。ドイツ・ポーランド国境で、翻訳を含む言語的な仲介に割かれる費用はかなりの額にのぼるでしょう。他方、通翻訳を介して行われているレベルのコミュニケーションがとれるほどの異言語能力をすべての人に求めるのは、はるかに他大なコストがかかるでしょう（木村 2016）。たとえば国境地域の警察では、警察官が相手言語を学ぶプログラムがあるため職務上のやり取りは相手言語でできますが、会議などでは通訳者が同席します。通訳なしで専門的な会議ができるほど言語学習をさせたら本業に差し支えが出てしまいます。通訳は、高度な言語学習にかかる膨大な費用と時間を特定の（しかも喜んで言語を学ぶような！）人に集中させる分、効率的なコミュニケーション手段になるのです。

　また通訳を使うことは、どちらも自分たちの使いやすい言語を使うことができるという利点もあります。コミュニケーションにおいて対等性を確

保することは、相互の尊重を示す意味も持ちます。公の場で必ずと言って
いいほど通訳が用意されるのは、そういう意味もあるでしょう。

3.2 地域的な通用語としてのドイツ語

> D：残念ながらドイツ語で続けさせていただきます。私のポーランド
> 語との関係は、妻との関係と同じです。愛していますが、思うよ
> うに操ることはできないのです。
>
> [Leider muss ich jetzt auf Deutsch weiter machen. Ich habe zu
> Polnisch dasselbe Verhältnis wie zu meiner Frau. Ich liebe sie, aber
> ich beherrsche sie nicht.（2012.10.18）]

　しかし、いつも通訳を用意することが可能なわけではありませんし、間
接的なコミュニケーションのみに頼ることは相互の関係にとって望ましい
ことではありません。そこで、日常的に交流がある中では相手の言語を学
ぶという選択肢が有力ですが、実際に使われるのは主にドイツ語です。

　ドイツ語は、ヨーロッパ連合域内において最も多くの母語話者を持つ言
語であるとともに、主に中央ヨーロッパで共通語として一定の役割を果た
してきた歴史があります。とりわけドイツに隣接するポーランド西部では
ドイツ語教育が盛んで、第一ないし第二外国語として学ばれてきました。
ドイツ語のできるポーランド人はドイツ社会に直接に参入できます。これ
は、当事者の言語ではない共通語（リンガ・フランカと呼ばれます）に対
して、当事者の言語を通用語として用いる利点です。

　しかし現地調査では、たびたび、公的な場でドイツ語が用いられる際、
ドイツ人側から弁明やおわびが聞かれました。これは、ドイツ語のみが通
用語として使われることへのある種のきまりの悪さを表していると言える
でしょう。この節のはじめにあげたのは、私が出会った最も洗練された弁
明です。これは、国境の両岸にまたがるキャンパスを持つヴィアドリナ・
ヨーロッパ大学の学長が、ポーランド側のキャンパスで開催された新年度
式典で、冒頭部分をポーランド語で述べた後に続けたことばでした。

第 14 章　つながり方を探るドイツ・ポーランド国境地域　　**199**

地域で優勢な通用語の使用は、直接の伝え合いを可能にしている反面、言語学習・使用においてポーランド人が一方的に負担をおう、またポーランド語を知らない大半のドイツ人は、すぐ目と鼻の先にあるポーランドの社会や文化に疎遠なままである、という二重の非対称性を含んでいるのです。

3.3　超域的な共通語としての英語

　P：　英語でごあいさつすることをおわびします。
　［I would like to apologize that I will address you in English.
　（2012.10.19）］

　いつも一方の言語を使うことが問題であれば、共通語として英語を使えばいいという考え方もできるでしょう。英語を使えば、通訳と違って直接的な意思疎通ができますし、どちらの母語でもないので、中立です。
　ところが、上にあげた例のように、英語を使うことについてもおわびする場合が見られるのです。これは、先ほどの大学の新年度式典の翌日、ドイツ側のキャンパスで行われた入学式での、ポーランドからの来賓のあいさつの冒頭部分からの抜粋です。街中ならともかく、大学という場で英語が用いられることには、一般的には違和感が少ないと考えられるにも関わらず、この率直なおわびからは、英語が理想的な手段ではないという理解がにじみ出ています。
　現在、英語は両国の学校で学ばれており、ここであげたような高等教育の場や地域の外から来た人も参加するような国際会議などでは聞かれるものの、一般的に使われるものではありません。地域の経済界や行政などで、協力や交流のために用いられるのは、むしろ通訳や、通用語としてのドイツ語なのです。
　今後、特に若い世代の間では英語の使用が増えることが予想されます。しかし、仮にある程度の英語はお互いにできたとしても、同じ地域に住むもの同士のコミュニケーション手段としては、地域社会から浮いた感じに

なってしまいます。地域社会への直接の参入をもたらさない英語が果たせる役割は、今後も限られたものでしょう。多言語主義をとっているヨーロッパ連合では、英語の限界について次のように指摘されています。

　　［英語を使う場合、］どちら側も相手を自分たちの間に本当に受け入れる努力も、相手の中に本当に受け入れられる努力もしていない。
（European Commission 2011: 48）

4　補足的に使われる方略

　以上の三つが、この地域で最も多く見られる異言語間コミュニケーションの方略ですが、いずれも長所があるとともに限界を抱えていることが見えてきました。次に、それほど頻繁には用いられないものの、主要な方略の限界を補いうる方略をいくつか見ていきましょう[1]。

4.1　受容的多言語使用

　　D：あなたも自転車で行きましたか。
　　P：*私は自転車では行っていません。いつも歩いて行ってました。*
　　［D: Sind Sie auch mit dem Fahrrad?
　　P: *Ja rowerem nie jechałam, zawsze piechotą chodziłam.*（2014.3.1）］

　この例は、独ポ協力による地域振興に関する集まりでの、観光名所への行き方に関する会話の一部です。ここでドイツ人はドイツ語、ポーランド人はポーランド語を話しています。これは受容的多言語使用と呼ばれる方略で、ヨーロッパでは、通訳を用いず、通用語や共通語として優勢な言語のみに依存せず、言語の多様性を尊重しつつ対等に伝え合いができる手段として提唱されてきました。国境地域のドイツ人は、ポーランド語を学ん

1　以下、ポーランド語はイタリックで示しています。

だ場合でも、なかなか自由に使いこなすレベルまで到達しないことが多く、またポーランド人は、基本的に学校でドイツ語を学んでいるものの、話すことに不自由を感じる人が少なくありません。筆者の現地調査では、ドイツ語は聞くとだいたい分かるが、話すのが困難だということをポーランド人からたびたび聞きました。そのように相手言語の限定された運用能力を持つドイツ人とポーランド人が出会ったとき、受容的な使用は最も意思疎通がしやすい方略となりえます。突飛なようで、実は合理的なのです。この方略は、両国の交流や協働に関わる行政やNGOの会合、また、店の買い物やレストランの注文などでも見られます。仮に相手言語がよくは分からない場合でも、意図は言語以外の要素から意外と伝わるものです（木村 2016）。

4.2 | 隣語としてのポーランド語

　　D： こんにちは、みなさんを心から歓迎します。
　　［Dzień dobry, witam państwa serdecznie.（2012.10.18）］

　では、ドイツ人がポーランド語で話す方略は見られるのでしょうか。現状では、流暢にポーランド語を話すドイツ人は、フランクフルトにはまだほんの一握りしかいません。そういう言語的前提からして、ドイツ人とポーランド人がポーランド語で話す場面はきわめて限られてしまいます。ドイツ人の中には、ポーランド人のほうがドイツ語をよく勉強しているので、自分たちがポーランド語を学ぶ必要はないと思っている人もいるようです。

　しかし、必要性が感じられないからといってドイツ人がポーランド語を学び、使う意味がないわけではありません。にも関わらず、いやむしろだからこそ、ドイツ人がポーランド語を使うことは大きな意味を持つのです。「隣語」《➡コラム②（水口）参照》を学び使うことは、一般的に、歩み寄りの姿勢を示す効果をもちえますが、ドイツ・ポーランド関係のように非対称な場合、さらにその効果が大きくなると考えられます。

再び、上にドイツ語使用の例としてあげた学長のあいさつに戻りましょう。あとはドイツ語で話します、と言う前に、ドイツ人の学長は、本節冒頭のように、ポーランド語であいさつを始めました。すると聴衆から大きな拍手が起きたのです。こんな簡単な文だけで拍手が起きるのですから、もっと長い文をポーランド語で述べることがいかに絶大な効果を発揮するかは推測に難くありません。ポーランド人と接するドイツ人ビジネスマンのための手引きには、次のように書いてありました。

　　［ポーランド語を学ぶという］努力は日常的な交流においてよい影響を及ぼします。なぜならば、いくら初歩的でたどたどしくとも、ポーランド語を話そうとすることはポーランド人に感激をもって受けとめられるからです。（Fischer, Dünstl, & Thomas 2007: 11）

4.3 「ポイツ語」 —— 言語を混ぜて使う

　　D：それは**フォルティッシモ**、オーケストラ全体で、できる限り。ではもう一回。
　　[Das muss **fortissimo**, das ganze Orchester, as much as you can. *Jeszcze raz.*]

　これまで見てきた方略はいずれもある特定の言語を話すことを前提にしていましたが、実際には言語を混ぜることが見られます。ドイツ人とポーランド人の出会いの場で言語を混ぜるのは、スウビツェの市場で店員がドイツ人の顧客にできる限りのドイツ語の単語や表現を入れて話しかける場合のように、一方の言語の能力がきわめて限られた場合によく見られます。しかしそれだけではなく、ドイツ・ポーランド協力に関する専門家会議の議論のように、両言語を高度に操ることができる人同士でも言語を頻繁に切り替える現象が見られます。このように言語を混ぜる話し方は、地元では、この地域のラテン語名から、ヴィアドリナ語、あるいはより一般化して Polski（ポーランド語）と Deutsch（ドイツ語）を合わせて

Poltsch（いわば「ポイツ語」）と呼ばれます。

　言語を混ぜるのはよくないことだと言われることがありますが、話しながら言語を切り替える「コード切り替え（コードスイッチング）」と呼ばれる話し方は、「きちんと」話すことができないのではなく、一つの言語だけでは表せないことを表現する機能があります。

　上の例は、ドイツとポーランドの若者がいっしょに演奏する青年オーケストラのドイツ人指揮者の、練習での発言です。ここでは四つの言語が一気に登場します。ドイツ語とポーランド語を用いることで、どちらの言語を母語とする団員も直接話しかけられていると感じられるとともに、イタリア語（太字）で音楽用語を共有し、英語（傍点）で全員に話しかけることで、自他の尊重と一体感が醸成されます。見事な表現です。

　言語混合は、両言語の話者間での簡便な伝達および一体感の醸成がはかれる手段と言えそうです。

5　おわりに

　以上、この章では、ドイツ・ポーランド国境地域で見られる代表的な異言語間コミュニケーション方略をとりあげました。これらは表1のように整理できます。

表1　ドイツ・ポーランド国境地域における代表的な異言語間コミュニケーション方略

	主な方略	補足的な方略
Ⅰ 母語の相互使用	通翻訳 （仲介付き母語使用）	受容的多言語使用 （仲介なし母語使用）
Ⅱ いずれか一方の母語使用	地域的な通用語使用 （ドイツ語）	隣語使用 （ポーランド語）
Ⅲ 追加言語使用	超域的な共通語使用 （英語）	言語混合 （「ポイツ語」）

（網羅的な一覧は木村（2009）、木村ほか（2013）参照）

それぞれ主な方略の限界を補うかのように、補足的な方略が存在するこ

とが分かります。これ以外にも、ドイツ人とポーランド人がそれぞれ相手の言語を話す「言語交換」や、国際交流のための計画言語エスペラントを用いる場合もあります。古典語のラテン語も、共同施設の命名や、ミサなどの儀式の共通語として用いられることがあります。

　この章の検討からは、二つのことが提起されます。まず、どの方略にも長短があり、すべての場合に最適な、万能な方略は存在しないということ。そして、目的や場合に応じた使い分けが必要となるということです。交通手段にたとえると、いくら飛行機が速いからといって、近所の買い物に飛行機に乗っていこうという人はいませんし、手軽に乗れるからといって海外旅行に自転車で行く人もいません。それぞれ目的や場合に応じた適切な手段があるのです。いつでもどこでも同じ言語を使おうとすることは効率的なように見えて、実は非合理的なのです。異なる言語を話す人とコミュニケーションをとる上では、それぞれの方略の特性を意識しておくこと（木村 2016）が有意義でしょう。

ディスカッション・ポイント

1　あなたはどのような異言語間コミュニケーション方略を使ったり見聞きしたことがありますか。周りの人からも具体的な例を集めてみましょう。

2　この章の例や1であげた例を踏まえて、諸方略の長所や短所をより一般化して、表2（次ページ）を使って整理してみてください。

3　それぞれの方略を用いることによって、人間関係を築く上でどのような影響があるでしょうか。

第 14 章　つながり方を探るドイツ・ポーランド国境地域　**205**

表2 異言語間コミュニケーションの諸方略の特徴

	長所・利点など	短所・限界など
通翻訳		
受容的多言語使用		
地域通用語		
隣語		
共通語（英語）		
言語混合		

その他（この章でとりあげていない方略）

言語交換		
共通語（エスペラント）		

参考文献

木村護郎クリストフ（2009）「異なる言語を用いる人が出会うとき──媒介言語論の射程と課題」木村護郎クリストフ・渡辺克義（編）『媒介言語論を学ぶ人のために』世界思想社，pp. 1-19.

木村護郎クリストフ（2016）『節英のすすめ──脱英語依存こそ国際化・グローバル化対応のカギ！』萬書房

木村護郎クリストフ・泉邦寿・市之瀬敦・フェアブラザー，L.・テュシェ，S.（2013）「比較媒介言語論序説」*Sophia Linguistica, 60,* 81-103.

European Commission (2011) *Lingua franca: Chimera or reality?* (Studies on translation and multilingualism 1/2011) <http://cordis.europa.eu/fp7/ict/language-technologies/docs/lingua-franca-en.pdf> （2016 年 6 月 12 日閲覧）

European Commission (2012) *Special Eurobarometer 386. Europeans and their languages.* <http://ec.europa.eu/public_opinion/archives/ebs/ebs_386_en.pdf> （2016 年 6 月 12 日閲覧）

Fischer, K., Dünstl, S. & Thomas, A. (2007) *Beruflich in Polen. Trainingsprogramm für manager, fach- und führungskräfte.* Göttingen: Vandenhoeck & Ruprecht.

第**15**章

チェコの多国籍企業の言語使用と言語管理
言語の機能の観点から[1]

イジー・ネクヴァピル
（編訳：木村護郎クリストフ）

日本では企業が英語を社内公用語にすることがしばしば話題になりますが、ヨーロッパの多国籍企業では、言語使用はどうなっているのでしょうか。ここでは、言語が異なる人々が働いているチェコの多国籍企業の例を通して、多国籍企業で複数の言語がどのような機能をもって使われているのかを考えます。言語の機能といってもいろいろありますが、ここでは社会的な機能について見ていきます。

1 はじめに

　多国籍企業とは、ある国に本拠を置きつつも、さまざまな国に拠点を設けて活動する企業です。各拠点は、多くの場合、駐在員と呼ばれる本国からの社員によって立ち上げられ、運営されます。駐在員は往々にして現地の社員とは異なる民族・文化的背景を持ち、第一言語も異なります。また駐在員は、本国やほかの拠点との連絡や調整を担うなど、しばしば現地社員とは異なる役割を持ちます。このように、多国籍企業の現場は、駐在員と現地社員という、異なった民族、文化、言語的背景や役割を持った二つのタイプの人々によって構成されているのです。

1　本章は、Nekvapil & Sherman（2011）、Nekvapil & Sherman（in press）に基づいています。ほかの事例の研究として、スイスにおける多国籍企業を調査した Lüdi, Höchle & Yanaprasart（Eds.）（2016）がお勧めです。

この章では、チェコの多国籍企業を取り巻く言語環境についての導入に続いて、ドイツ系および韓国系の多国籍企業のチェコにおける拠点で言語がどのように使われ、管理されているかをとりあげます。とりわけそれぞれの言語にどのような機能が見られるのかに注目して見ていきましょう。またドイツ系と韓国系の企業がどのように異なるのかも考えてみましょう。なお、ここでは便宜上、各機能を分けて考えますが、実際のコミュニケーションの場では、一つ以上の機能が同時に見られることを確認しておきたいと思います。

2　チェコの言語状況と多国籍企業

　チェコ（1992 年まで国としてはチェコスロヴァキア）は第二次世界大戦後、ソ連を盟主とする社会主義圏に組み込まれましたが、1989 年以降の政治的な転換に伴って、西ヨーロッパとの関係を回復します。このような社会経済的な変化の中で、外国語教育も大きく変わりました。必修だったロシア語の代わりに原則として外国語を選択できることになりましたが、「ロシア語からドイツ語と英語へ」という標語が示すように、生徒（ないし親）たちが選んだのは、主にドイツ語と英語でした（チェコの言語状況については Neustupný & Nekvapil (2003) 参照）。この両言語のうち、当初はドイツ語のほうが学ばれていましたが、英語の割合が年々高まり、1997/98 年度にはドイツ語を抜いて最も学ばれる外国語になりました。現在、チェコ人たちの間では、外国人とのコミュニケーションは英語さえできれば大丈夫と信じている人が少なくありません（Nekvapil & Sherman 2013: 107）。一方、チェコ在住の外国人の多くは、公私の全領域にわたって広く使われているチェコ語を学びます（Nekvapil, Sloboda & Wagner 2009: 65）。こうして、チェコでは、異なる言語を話す人の間の共通語として英語とチェコ語が使われています。

　チェコは、しばしば単一言語社会とみなされることもあるのですが、実際には複数の言語が使われる社会です（Sloboda 2016）。そしてチェコの多言語化をもたらしている要因の一つが多国籍企業です。

多国籍企業は、利益を高めることを目指して諸外国に拠点を設けますが、拠点は、本拠地よりも経済的なレベルが低い地域に置かれることがあります。その場合、経済的な格差は企業内の地位にも反映し、本拠地から派遣された駐在員はほとんどの場合、拠点における管理職につき、現地社員に対して上司になることが多いです。立場の違いは、言語の地位の違いにもつながります。現地社員は企業の本拠地の言語を学ぶことが期待されるのに対して、駐在員はしばしば現地語なしでも仕事をすることができます。

3 ドイツ系企業の言語使用と言語管理

では、まずドイツ系企業をとりあげましょう。長年、ドイツはチェコへの直接投資において最も大きな割合を占めてきました。ほかの多国籍企業と同様、ドイツ系企業は、社会主義体制が崩壊した 1990 年代初頭からチェコで活動を始めました。ドイツ企業がチェコに大量に進出した背景には、より安く質の高い労働力が得られるということだけではなく、チェコ人の間でドイツ語が広く学ばれているということもありました。しかしドイツ企業が早くから大量に入ってきたことを、多くのチェコ人は複雑な気持ちで受けとめました。チェコ人の間で受け継がれてきた集合的記憶には、ナチス・ドイツによるチェコの占領をはじめとするドイツに関するよくない思い出が刻み込まれているのです。

以下では、フォルクスワーゲンやシーメンス、コンチネンタルといった企業における観察やインタビューに基づいて、チェコ語、ドイツ語、英語がそれぞれどのような役割を果たしてきたかを見ていくことにしましょう。

3.1 象徴としての言語

チェコの場合、歴史上、長らくドイツ語は優勢な言語として用いられてきました（Neustupný & Nekvapil 2003）。現在も、企業本社の言語であるドイツ語は、経済的な力の象徴となっています。一方、主に 19 世紀以

降、ドイツ語が優位な社会状況においてチェコ語の地位をあげていく過程で、両言語は民族的アイデンティティを象徴するようになります。これは今日の多国籍企業における言語使用でも例外ではありません。このような象徴性を持つ両言語に対して英語を社内公用語にすることは、企業内において民族をこえたアイデンティティをつくるねらいを含んでいます。その意味で英語も「象徴的な機能」を帯びています。

英語使用によって、誰もが自分の第一言語を話さない状況が創り出され、少なくとも建前上はどちら側も優位に立ちません。チェコ人がドイツ語ではなく英語を使うことで、権力関係が中立化します。ただし実際には本当に平等な状況がもたらされるわけではありません。第一に、人によって英語力は大きく異なります。チェコでは、英語教育は、いわば「後追い」の段階にあり、今では小学校から英語教育を導入しているのですが、英語教育を受けていない年配の社員は、不利な状況に置かれます（Nekvapil & Nekula 2006）。また、言語の壁によって管理職の駐在員が生産現場の現地社員と話せないということはよくあります。第二に、英語は言語的にはドイツ語により近いので、ドイツ人のほうが学びやすい言語です。インタビューでも、そのことは言及されています（原文チェコ語）。

> チェコ人 CEO：私たちはドイツ企業ですが、ドイツ人とコミュニケーションをとるとき、英語を使えば、誰も優位に立ちません。中立な場にいることになりますよね。とはいっても、ドイツ人にとって英語を学ぶことは私たちにとってロシア語を学ぶようなものですから。

チェコ人がしばしば多数派であることを踏まえて、英語とは異なる方略がとられることもあります。たとえば Engelhardt（2009, 2011）は、次のようなルールを決めた例を紹介しています。

（1）会議は出席者の多数派の言語で行われるべきである。
（2）出席者のうち少数派で、多数派の第一言語を話さない人は通訳を

通じて理解すること。

また、英語が用いられず、双方とも自らの第一言語を話す場合も報告されています（Engelhardt 2011）。それぞれ、通訳、受容的多言語使用という方略です《➡第14章参照》。これらも対等性を示す意味を持ちます。

3.2 効率性のための言語

　職場では、直接仕事に関係しない内容も含めてさまざまなことが話されます。コミュニケーションの場の参加者構成も一様ではありません。多くの場合、チェコ人が多数派であってそれ以外の言語を使う人が少数ですが、会議などでチェコ人しかいない場合もあります。ある拠点では、出席者がほとんどみなチェコ語母語話者であっても会議では主に英語が使われています。その主な理由としてあげられたのは、とりわけチェコ語母語話者が大多数であるとき、参加者が母語でない言語で話すと余計なおしゃべりをしない（できない）ので時間が浪費されないということでした。経営者からすると、そのほうが議題に集中して話がそれないことが見込まれるというのです。

　議題に集中するということは、このような場面では言語の形式的な正しさよりコミュニケーションがうまくいくことが重視されるということでもあります。ですから、そこで使われる英語はネイティブ・スピーカーを基準とする必要はなく、分かりやすさを旨とする「共通語としての英語」で構わないのです。この場合、英語に「効率化の機能」が求められていると言えるでしょう。

3.3 感情表現のための言語

　ただし、非母語話者の英語力はたいてい、特定の領域やコミュニケーションの状況に対応できるものであったとしても、コミュニケーションの必要性をすべて満たすわけではありません。その限界が感じられるのが、たとえば感情表現です。英語で行われる会議で、チェコ人同士が一時的にチェコ語に切り替えて話し合うことがあります。それは、英語で内容が言

えないからではなく、ニュアンスや感情の機微を表すことに限界があるからとのことでした。議論が白熱するとチェコ語で話し、議論がおさまったら、何が話し合われたかを、理解できなかったドイツ人の同僚に説明するとのことでした。英語で行われる会議でも第一言語による話し合いをさしはさむことで、より生産的な話し合いがなされうるという意味では、話し手の第一言語の使用には「創造的な機能」があると言えるかもしれません。

3.4 私的な関係のための言語

　職場での基本的なコミュニケーションのためにすべての社員が理解できて表現できる言語を選ぶとすると、チェコ語は真っ先に脱落します。ドイツやオーストリアではチェコ語は広く教えられていないため、これらの国からの駐在員は、チェコに赴任するまで、チェコ語に接したことがほとんどないのが通常です。またチェコには数年しかとどまらない予定であるため、チェコ語を学ぶ経済的そのほかの動機づけもあまり高くありません。駐在員たちは、駐在先でチェコ語講座に参加するものの、チェコ語学習に割ける時間はわずかであり、異口同音にチェコ語は難しいと言います。チェコ語講座の役割は、職場でのコミュニケーションに用いる能力を身につけるためというよりは、異なる目的を持ちます。その代表的なものが「社交的な機能」です。現地語を一言二言使うことは、現地社員との関係を築いたり保ったりするために有効です。また基本的な表現を現地語で言えると現地社員から評価されます。

　このような前提から生まれるもう一つの機能が、「秘密言語機能」と呼べるものです。すなわちチェコ語での会話はほとんど現地人にしか分からないので、チェコ語はチェコ人同士の社会的なネットワークを守る役割を果たしています。現時点では、この機能を持つのは三言語のうちチェコ語のみです。しかし今後、チェコでドイツ語学習が減退すれば、将来的に、ドイツ語が駐在員の間で類似の機能を果たすようになることも考えられます。

4 韓国系企業の言語使用と言語管理

韓国の対外直接投資は 1980 年代末にかけて急増し、韓国企業、とりわけ家電製品の企業はヨーロッパに大規模に展開しました。韓国企業は、1989 年の体制転換後にチェコに入ってきた最初のアジア系企業ではありませんでしたが、その後の活動が特に目立っているので、ここでは韓国系企業をとりあげたいと思います。

4.1 チェコにおける韓国系企業の展開

ドイツ系企業がチェコの経済圏に進出するのは、地理的な近さやドイツ語が外国語として学ばれていることから、自然な流れと考えられますが、韓国系企業の進出は多くのチェコ人住民にとって驚きをもって受けとめられました。韓国企業の関係者は、チェコが EU に加盟する 2004 年より前の 21 世紀初頭からチェコに姿を見せるようになります。その動機は、ほどなく EU に加盟するであろう国において有利な条件でビジネスを進めることでした。現在はチェコ北部だけで数十社の韓国企業が活動しています。ヒュンダイをはじめとする韓国企業は、一つの拠点で数千人規模の雇用をもたらしています。プラハ空港に着く人は、英語、チェコ語、ロシア語とともに韓国語の表示があることを不思議に思うかもしれませんが（写真 1、2）、プラハとソウルの間には定期的な直行便が運航され、大韓航空はプラハ国際空港の運営に参画しているのです（写真はすべて筆者撮影）。

写真 1　プラハ国際空港の4 言語表示

写真 2　空港の中での写真 1 の表示の位置

韓国にあるサムソンやヒュンダイの本社では、これらの企業を韓国企業ではなくグローバルな企業として提示する傾向が見られます。グローバル化の言説やその意図の表れは、韓国の本社での言語景観においても見られます。社内では英語でのスローガンが掲げられたり英語センターや英語区域が設けられています。たとえば写真3は、2014年にヒュンダイの本社に設置された Y.E.S./Your English Square の看板です。

写真3　ヒュンダイ本社の英語センター

しかしグローバル化の言説がまんべんなく受け入れられているわけではありません。英語が、たとえば若い世代と年配の世代の隔たりをもたらす一因となることも考えられます。チェコの拠点の言語状況を見てみましょう。

4.2 言語およびコミュニケーションの管理

韓国系企業の拠点における言語的前提は、ドイツ系多国籍企業とは根本的に異なっています。チェコ人社員も韓国人社員も、相手の言語は難しいと思っています。実際に、チェコ人の韓国語力と韓国人のチェコ語力はいずれも、たいていの場合きわめて低く、社交的機能のためのあいさつや簡単な表現にとどまっています。にも関わらず、チェコの拠点では韓国人のためのチェコ語講座とチェコ人のための韓国語講座が開かれています。ただしこれらの講座の重点はむしろ社会文化的側面に置かれ、相手の文化を知る手段とみなされています。

このような条件のもと、英語にはコミュニケーションにおける根本的な役割が与えられています。英語はチェコ人と韓国人の言語レパートリーの唯一の共通項であり、それだけに言語やコミュニケーションの最も重要な管理対象となります。本社から発せられるグローバル化の言説に支えられて、企業公用語としての英語は、拠点内の「すべての社員のための」共通語として機能することが意図されています。

しかし、拠点内の全員が英語ができるわけではないことは明らかで、で

きたとしても英語力が限られていることも多く、またさまざまな英語変種が使われます。いわばチェコなまり、韓国なまりの英語が使われているのです。韓国人自身、指導的な役割を担う管理職を含む韓国人駐在員の間で（とりわけ年配の世代において）しばしば英語力が不十分であることを認識しています。チェコ人マネージャーが生産上の課題の進捗状況に関する報告を英語で書き、それを韓国人の調整役の社員が韓国語に訳して韓国人上司に渡したり韓国の本社に送ったりするということが広く行われています。韓国人管理職の英語力の限界は、本社や国外拠点において問題とされています。たとえばヒュンダイ自動車のチェコ支社の韓国人社長は定例会議で「チェコ人同僚と職場でコミュニケーションをとって相互理解が進むように英語力を高めること」を韓国人管理職に促しました（HMMC News, issue 36, 2011/4, p. 4）。

　チェコ人社員たちは韓国人が用いる英語の特徴に気付き、それを「韓英語」（Kor-English）と名付けました。その主な特徴は、たとえば母音を挿入することです。which の代わりに whichy と言ったり、months の代わりに monthes と言ったりします。他方、英語力が高い韓国人社員からはチェコ人の英語の特徴が指摘されます。その発音は、韓国人が慣れ親しんできたアメリカの発音とはかなり隔たりがあります。こうして双方の英語はときに、相互理解に困難をきたすほど異なっています。こうして、言語のコミュニケーション機能が脅かされているのです。対策としては、英語講座に通ったり、場合によっては社内で英語講座を設置したりすることや、少なくともチェコ側では新社員の採用の条件を厳しくすることなどがあります。

　英語は社内の言語景観で最も多く見られます。たとえば次のような英語とチェコ語による会社スローガンが随所に掲げられています。

Shaping the Future Together
Společně vytváříme budoucnost

英語での表示は通常、チェコ語より大きく書かれています。

Quality makes us proud
Jsme hrdi na kvalitu

　一方、洗濯サービスの価格表や食堂のチケット販売機の表示など、業務
から離れた生活上の事柄では、英語がなくチェコ語と韓国語だけの表示も
見られます。

4.3 | 個人を特定するための言語

　韓国人社員の中には、自分たちの韓国名がチェコ人にとって覚えるの
が難しすぎたり発音が困難だと思うと、問題をあらかじめ回避するため、
チェコ人の同僚にチェコ語や英語のファーストネームで自分を呼ぶように
言う人がたくさんいます（例："Call me Brian."）。使われる名前にはヨ
ゼフ（Josef）、トマーシュ（Tomáš）、ルドヴィーク（Ludvík）といった
典型的なチェコ名もあれば、ブライアン、ジェームズ、ブルースといった
英語名もあります。これらの名前は、しばしばチェコ語や英語の講座で
つけたものです。そして実際、チェコ人が韓国人同僚に "Josef, I'm going
downstairs and be back in half an hour or so"（ヨーゼフ、ちょっと下に
行って30分後くらいに戻るから）と言う場合のように呼びかけに使った
り、"Josef is upstairs"（ヨーゼフは上にいます）のようにその場にいな
い人を指して使ったりもします。これらの名前を名刺に書いたりメールア
ドレスに使う場合も見られます。このような名前管理は、コミュニケー
ションをより順調にすることがもともとのねらいですが、新しい社会関係
や共同のアイデンティティを作ることにも貢献します。コミュニケーショ
ンの機能を果たすためというのが最大の理由ですが、このことは同時に社
交的機能や象徴的機能も持っているのです。ある韓国人社員は、インタ
ビューで次のように述べています（原文英語）。

　　私たちは人間同士ですからね、ルドヴィークのようなチェコ語の名
　　前を使って、と言ったら受け入れてくれます。単に名前としてだけで
　　はなくて、受け入れるというのは本当に彼らの一員になりたいという

印としてです。このような出来事や行いによって私たちは本当に同僚に、友達に、そして一つの会社になれるのです。

5 おわりに

多国籍企業は経営上、経済活動に関わるなるべく多くの人にとって適した、最も効果的なコミュニケーション手段を見つけることに関心を抱いています。その手段は現在、多くの場合、チェコで伝統的に学ばれてきたドイツ語よりも英語に見出されます。ドイツ系多国籍企業のチェコにおける拠点においては、英語のネイティブ・スピーカーがいない状況で、英語は両国の経済的な力関係や国民的アイデンティティを象徴しない、ビジネスのための、感情的に中立的で誰にとっても開かれた言語として認識されています。この英語の基本的な機能を補うのがチェコ語とドイツ語です。どちらの言語も、会議などで感情を伴うやり取りなどに使われ、さらに特にチェコ語は社交的な目的に用いられるほか、秘密の言語として使われる可能性をも持っています。

この章では職場内の社員同士のコミュニケーションを見てきましたが、他方、拠点の外では、またある程度は拠点内でも、企業コミュニケーションの多くの領域で使われる言語を規定するのは顧客です。そのため、ドイツ系企業では、顧客の多くが使うドイツ語は依然としてきわめて重要な役割を果たしています。今後、社会経済的な要因によって、チェコ語の地位が上昇することも想定できます。実際、プラハでは、チェコ人顧客が増えたことに伴って、チェコ語のコミュニケーション価値があがっているということがインタビューであげられました。

一方、韓国企業では、言語的な距離と相互の言語学習の少なさのため、チェコ語も韓国語も、そもそも基本的に職場の共通語になることはできないとみなされています。どちらの言語も国民的なアイデンティティを象徴しますが、ドイツとチェコの間と違って、（紛争を含む）共通の歴史がないため、職場における象徴的機能はそれほど高くありません。チェコで活動する韓国企業にとって最も重要なことは、すべての社員のためのコミュ

第15章　チェコの多国籍企業の言語使用と言語管理　**217**

ニケーションの手段を推進することです。そのような共通語としての英語は、韓国の本社から発せられるグローバル化の言説に支えられています。ドイツ企業と異なり、韓国企業では、チェコ語や英語の名前が韓国人社員を指す手段として用いられています。

ディスカッション・ポイント

1. チェコにおけるドイツ系および韓国系の多国籍企業における言語使用と管理の共通点と違いは何でしょうか。中央ヨーロッパにおけるドイツ語と韓国語の地位についても考えてください。
2. 多国籍企業にとって多言語使用は有利でしょうか、それとも不利でしょうか。有利な点と不利な点を考えてみてください。
3. 海外の日本企業や日本にある外国企業の拠点ではどのような言語問題が想定できるでしょうか。日本の企業における「英語公用語化」の功罪についても考えてみましょう。

謝辞（Acknowledgement）

Work on this article was supported by the Charles University project Progres 4, Language in the shifting of time, space, and culture.

参考文献

Engelhardt, O. (2009) Die sprachpolitik eines Deutschen industriebetriebs in der Tschechischen Republik und ihre verwirklichung. *Bohemica Olomucensia, 3,* 173-182.

Engelhardt, O. (2011) Management of multilingualism in multinational companies of German origin in the Czech Republic. In G. Garzone, & M. Gotti (Eds.), *Discourse, communication and the enterprise: Genres and trends* (pp. 111-129). Bern: Peter Lang.

Lüdi, G., Höchle Meier, K., & Yanaprasart, P. (Eds.). (2016) *Managing plurilingual and intercultural practices in the workplace: The case of multilingual Switzerland.* Amsterdam & Philadelphia: John Benjamins.

Nekvapil, J., & Nekula, M. (2006) On language management in multinational companies in the Czech Republic. *Current Issues in Language Planning, 7,* 307-327. (Reprinted from R. B. Baldauf, & A. Liddicoat (Eds.). (2008) *Language planning in local contexts* (pp. 268-287). Clevedon, Buffalo, Toronto: Multilingual Matters.)

Nekvapil, J., & Sherman, T. (2011) La diversitat lingüística en grans empreses multinacionals a l´Europa central. In M. Strubell, & I. Marí (Eds.), *Mercat global i mercat local: implicacions per al multilingüisme de l´empresa* (pp. 67-78). Barcelona: Editorial UOC.

Nekvapil, J., & Sherman, T. (2013) Language ideologies and linguistic practices: The case of multinational companies in Central Europe. In E. Barát, P. Studer, & J. Nekvapil (Eds.), *Ideological conceptualizations of language: Discourses of linguistic diversity* (pp. 85-117). Frankfurt am Main: Peter Lang.

Nekvapil, J., & Sherman, T. (in press) Managing superdiversity in multinational companies. In A. Creese, & A. Blackledge (Eds.), *The Routledge handbook of language and superdiversity.* Oxford: Taylor & Francis.

Nekvapil, J., Sloboda, M., & Wagner, P. (2009) *Mnohojazyčnost v České republice: Základní informace* [*Multilingualism in the Czech Republic: Basic information*]. Praha: NLN.

Neustupný, J. V., & Nekvapil, J. (2003) Language management in the Czech Republic. *Current Issues in Language Planning, 4(3-4),* 181-366. (Reprinted from R. B. Baldauf, & R. B. Kaplan (Eds.). (2006) *Language planning and policy in Europe, 2: The Czech Republic, The European Union, and Northern Ireland* (pp. 16-201). Clevedon, Buffalo & Toronto: Multilingual Matters.)

Sloboda, M. (2016) Transition to super-diversity in the Czech Republic: Its emergence and resistence. In M. Sloboda, P. Laihonen, & A. Zabrodskaja (Eds.), *Sociolinguistic transition in Former Eastern Bloc Countries: Two decades after the regime change* (pp. 141-183). Frankfurt am Main: Peter Lang.

索　引

A

ALT（外国語指導助手）　2, 9, 111

い

異言語間コミュニケーション
　　第 14 章
異文化（間）教育　17, 19, 30, 36
移民言語　第 7 章, 第 8 章

う

内なる国際化　11

え

エオル（EOLE）　7

お

欧州評議会　v, 37, 168
オールドカマー　第 7 章, 第 9 章

か

外国人学校　100, 108, 112, 128
外国につながる子ども　コラム 3
外国につながる生徒　22
学習言語　25, 32, 107, 122
学習指導要領　2, 第 2 章, 第 5 章,
　　85
家庭語　98, 106
寛容　9, 37, 89, 115

き

気付き　i, 第 1 章, 第 2 章, 34, 37,
　　73
境界バイリンガリズム　195
共通語　24, 第 6 章, 131, 第 11 章,
　　第 14 章, 第 15 章
協働学習　39

け

継承語　vi, 106, 171, 175
言語意識　8, 103
言語管理　第 15 章
言語境界　ix, 195
言語景観　第 10 章, 214, 215
言語への目覚め　7, 34
言語変種　第 1 章, 83, 172
現地語　第 11 章, 209, 212

こ

公用語　vii, 100, 104, 第 11 章,
　　169, 179, 第 13 章, 第 15 章
効率化の機能　211
コード切り替え（コードスイッチ
　　ング）　204
国語　45, 48, 50, 56, 65, 86, 88,
　　183
国際理解　第 1 章, 16

さ

在県外国人等特別募集　22
三言語併存　184

し

自己肯定感　第 1 章
社交語　119, 122
社交的な機能　212
社内公用語　207, 210
受容的多言語使用　201, 211
主流言語　96, 104
小学校外国語活動　第 1 章
象徴的な機能　210
自律学習　38

せ

生活語　第 7 章, 第 9 章
接触場面　131

そ

創造的な機能　212

た

第二外国語　20, 第 3 章, 65, 66,
　　199
多言語化　vii, 33, 第 7 章, 131,
　　136, 208
多言語活動　第 1 章, 25
多言語教育　vii, 第 2 章, 第 3 章,
　　43, 54, 第 5 章, コラム 1
多言語社会　序章, 第 13 章
多言語主義　i, v, 96, 114, 201
多言語主義社会　序章, 43, 54,
　　115
多言語使用　i, 序章, 218
多言語入試　33

多言語表示　95, 第 10 章
多国籍企業　ix, 第 15 章
多文化共生　109, コラム 3
多文化主義　vii, 114

ち

地域語　第 6 章, 第 12 章
地域語復興運動　173

つ

通用語　第 14 章
ツーリスト・トーク　134

て

ディデュンハイムプロジェクト
　　7

に

二言語使用　v, 174
日本語指導が必要な（外国人）児童
　　生徒　7, 110
ニューカマー　93, 101, 107, 110,
　　第 9 章

は

バイリンガリズム　v
バイリンガル教育　第 12 章

ひ

秘密言語機能　212
標準語　11, 77, 88, 150

ふ

複言語主義　v

複言語・複文化能力　　11

へ

平和　　第 1 章, 115

ほ

方言札　　77, 172
方略　　第 14 章, 210, 211
母語教育　　viii, 第 8 章, 117

み

民族学校　　100, 第 8 章, 第 9 章

や

やさしい日本語　　137, 141, 159

り

リンガ・フランカ　　199
隣語　　72, 202

言語名索引

*日本語、英語はほぼ全章で言及されるので、除
 外してあります。

あ

アイヌ語　viii, 54, 71
アラビア語　43, 71, 95
アルザス語　第 12 章

い

イタリア語　43, 47, 71, 133, 204
インドネシア語　71, 109, 111,
　　159

う

ウチナーグチ　78
ウチナーヤマトゥグチ　83

え

エスペラント（語）　45, 46, 50,
　　62, 205

か

カスティーリャ語　第 11 章
カタルーニャ語　第 11 章
韓国（・）朝鮮語、ハングル
　　第 2 章, 16-19, 31, 33, 43, 50,
　　51, 57, 61, 71-73, 95, 99, 100,
　　109, 111, 第 9 章, 133, 134,
　　136, 138, 139, 159, 第 15 章

こ

古典ギリシャ語　71

さ

サンスクリット語　70

し

支那語　48, 50
しまくとぅば　第 6 章
上海語　第 11 章

す

スペイン語　7, 16, 31, 43, 47, 62,
　　71, 109, 111, 133, 第 11 章
スワヒリ語　71

た

タイ語　71, 95, 109, 133, 134,
　　136, 139
台湾語　159
タガログ語　24, 25, 100, 159

ち

チェコ語　第 15 章
（中文・）中国語　7, 16, 17, 24,
　　25, 31, 33, 43, 47, 48, 50, 51,
　　57, 62, 70, 72, 73, 95, 99, 100,
　　109, 111, 132-134, 136, 138,
　　139, 第 11 章, 159, コラム 5

と

ドイツ語　16, 31, 33, 43, 46, 50,
　　51, 57, 61, 66, 71, 133, コラム
　　4, 第 12 章, 第 13 章, 第 14 章,
　　第 15 章
トルコ語　71

言語名索引　**223**

ね

ネパール語　99, 158, 159

ひ

ビルマ語　71
ヒンディー語　134

ふ

フィリピン（フィリピノ）語　7,
　　99, 100, 109, 111
フィンランド語　71
フランス語　16, 31, 33, 39, 43,
　　46, 50, 51, 57, 58, 61, 66, 71,
　　133, 第 12 章, 第 13 章

へ

ベトナム語　71, 95, 99, 100, 109,
　　111, 139, 158, 159
ヘブライ語　71
ペルシア語　71
ベンガル語　159

ほ

ポーランド語　第 14 章
ポルトガル語　7, 43, 52, 53, 70,
　　95, 99, 100, 109, 111, 133,
　　159, 190
ポルトガル語（ブラジル語）　49,
　　109

ま

マレー語　134
満洲語　48, 50

も

モンゴル語　71, 159

ら

ラテン語　70, 203, 205

り

琉球諸語、琉球（沖縄）語、琉球方
　　言　viii, 71, 第 6 章

る

ルクセンブルク語　第 13 章

ろ

ロシア語　31, 43, 46, 61, 71, 133,
　　213

執筆者一覧

岡田吉央（おかだ・よしお）
　慶應義塾志木高等学校。コラム 1 担当。

小川敦（おがわ・あつし）
　大阪大学大学院言語文化研究科。第 12 章、第 13 章担当。

生越直樹（おごし・なおき）
　東京大学大学院総合文化研究科。第 9 章担当。

鎌倉千秋（かまくら・ちあき）
　慶應義塾大学大学院政策・メディア研究科後期博士課程。第 4 章担当。

菊池哲佳（きくち・あきよし）
　仙台観光国際協会、多文化社会専門職機構。コラム 3 担当。

木村護郎クリストフ（きむら・ごろうくりすとふ）
　上智大学外国語学部。第 14 章担当、第 15 章翻訳。

國枝孝弘（くにえだ・たかひろ）
　慶應義塾大学総合政策学部。第 3 章担当。

境一三（さかい・かずみ）
　慶應義塾大学経済学部。第 12 章担当。

佐藤悠花子（さとう・ゆかこ）
　会社員。コラム 5 担当。

庄司博史（しょうじ・ひろし）

前国立民族学博物館、前総合研究大学院大学。第7章、第8章担当。

新行内和広（しんぎょううち・かずひろ）

フォルクスワーゲングループジャパン株式会社。コラム4担当。

中本謙（なかもと・けん）

琉球大学教育学部。第6章担当。

イジー・ネクヴァピル（Jiří NEKVAPIL）（いじー・ねくゔぁぴる）

カレル大学（プラハ）人文学部。第15章担当。

治山純子（はるやま・じゅんこ）

東京大学、慶應義塾大学。第12章担当。

平高史也（ひらたか・ふみや）

慶應義塾大学総合政策学部。第4章担当。

福田えり（ふくだ・えり）

前龍谷大学。第11章担当。

福田牧子（ふくだ・まきこ）

バルセロナ自治大学翻訳通訳学部。第11章担当。

藤井久美子（ふじい・くみこ）

宮崎大学語学教育センター。第10章担当。

水口景子（みずぐち・けいこ）

公益財団法人国際文化フォーラム。コラム2担当。

山川和彦（やまかわ・かずひこ）

麗澤大学外国語学部。第 10 章担当。

山崎吉朗（やまざき・よしろう）

一般財団法人日本私学教育研究所。第 5 章担当。

山下誠（やました・まこと）

神奈川県立岸根高等学校。第 2 章担当。

吉村雅仁（よしむら・まさひと）

奈良教育大学大学院教育学研究科。第 1 章担当。

［編者紹介］

平高史也（ひらたか・ふみや）

慶應義塾大学総合政策学部教授。東海大学、ベルリン・フンボルト大学を経て現職。文学博士。専門は、社会言語学、言語教育（特にドイツ語、日本語）、言語政策。主な共著書に『［改訂版］日本語中級 J301──中級前期　英語版』（スリーエーネットワーク）、共編著に『日本語教育史』（アルク）、『外国語教育のリ・デザイン──慶應 SFC の現場から』（慶應義塾大学出版会）、『多言語社会と外国人の学習支援』（慶應義塾大学出版会）、『教科書を作る（日本語教育叢書「つくる」）』（スリーエーネットワーク）などがある。

木村護郎クリストフ（きむら・ごろうくりすとふ）

上智大学外国語学部教授。ヴィアドリナ・ヨーロッパ大学客員研究員、北海道大学客員教授なども務める。博士（学術）。専門は、言語社会学、言語教育学。主な著書に『節英のすすめ──脱英語依存こそ国際化・グローバル化対応のカギ！』（萬書房）、『言語にとって「人為性」とはなにか──言語構築と言語イデオロギー』（三元社）、共著書に『多言語主義再考──多言語状況の比較研究』（三元社）、『言語的近代を超えて──〈多言語状況〉を生きるために』（明石書店）、共編著に『媒介言語論を学ぶ人のために』（世界思想社）などがある。

多言語主義社会に向けて
Tagengoshugishakai ni mukete

発　行	2017 年 11 月 3 日　初版第 1 刷発行
	2019 年 8 月 23 日　　　第 2 刷発行
編　者	平高史也・木村護郎クリストフ
発行人	岡野秀夫
発行所	株式会社 くろしお出版
	〒 102-0084　東京都千代田区二番町 4-3
	TEL: 03-6261-2867　FAX: 03-6261-2879
	URL: http://www.9640.jp　e-mail: kurosio@9640.jp
装　丁	折原カズヒロ
印刷所	株式会社 三秀舎

© HIRATAKA Fumiya, KIMURA Goro Christoph 2017
Printed in Japan　　ISBN 978-4-87424-740-2　C1087
● 乱丁・落丁はおとりかえいたします。本書の無断転載・複製を禁じます。